"十三五" 国家重点出版物出版规划项目

中国经济治略丛书

村级互助资金与扶贫贴息贷款的减贫机制与效应比较研究

A Comparative Study on the Mechanisms and Effects of the Mutual Funds and Subsidized Loans on Poverty Alleviation

陈清华 著

中国财经出版传媒集团

经济科学出版社
Economic Science Press

图书在版编目（CIP）数据

村级互助资金与扶贫贴息贷款的减贫机制与效应比较
研究/陈清华著. —北京：经济科学出版社，2017.11
（中国经济治略丛书）
ISBN 978 - 7 - 5141 - 8779 - 3

Ⅰ. ①村… Ⅱ. ①陈… Ⅲ. ①农村 - 信贷扶贫 - 研究 -
中国 Ⅳ. ①F832. 43

中国版本图书馆 CIP 数据核字（2017）第 304968 号

责任编辑：王 娟 程辛宁
责任校对：杨晓莹
责任印制：邱 天

村级互助资金与扶贫贴息贷款的减贫
机制与效应比较研究
陈清华 著
经济科学出版社出版、发行 新华书店经销
社址：北京市海淀区阜成路甲 28 号 邮编：100142
总编部电话：010 - 88191217 发行部电话：010 - 88191522
网址：www. esp. com. cn
电子邮件：esp@ esp. com. cn
天猫网店：经济科学出版社旗舰店
网址：http://jjkxcbs. tmall. com
北京季蜂印刷有限公司印装
710×1000 16 开 13.25 印张 220000 字
2017 年 12 月第 1 版 2017 年 12 月第 1 次印刷
ISBN 978 - 7 - 5141 - 8779 - 3 定价：49.00 元
（图书出现印装问题，本社负责调换。电话：010 - 88191510）
（版权所有 侵权必究 举报电话：010 - 88191586
电子邮箱：dbts@ esp. com. cn）

本书受以下项目资助：

宁夏高等学校一流学科建设（理论经济学学科）资助项目（项目编号 NXYLXK2017B04）

开放战略与区域经济自治区级人文社科重点研究基地建设项目

序 一

2017 年 5 月，经宁夏回族自治区教育厅、财政厅批准，理论经济学获批宁夏回族自治区一流学科建设项目，成为自治区立项建设的 18 个一流学科之一。理论经济学一流学科设计了 4 个学科发展方向：开放经济理论与政策、财政金融理论与政策、人口资源环境与可持续发展、消费者行为理论与政策。学科发展方向适应当前及未来国家与地方经济建设和社会发展需求，在人才培养、科学研究和社会服务等方面形成鲜明特色。

理论经济学一流学科建设目标是：根据中国特色社会主义经济建设的现实需求，坚持马克思主义为指导，借鉴现代经济学发展的成果服务于中国实践。通过五年建设，一是基本达到理论经济学一级学科博士学位授权点申请基本条件，二是在第五轮学科评估中，理论经济学教育部学科排名显著上升。为实现该建设目标，主要采取如下措施：第一，创造良好的工作环境和学术环境，积极引进人才，培育研究团队成长，积极申报人才和创新团队项目；第二，紧密围绕学科发展方向，瞄准对学科发展具有前瞻性、长远战略性的重大理论及现实问题开展研究；第三，建立跨学科、跨部门的开放型科研组织形式，营造既能有效促进协同攻关，又能充分发挥个人积极性的科研氛围，形成团队合作与自由探索相结合的管理机制；第四，开展国际国内合作研究和学术交流活动，形成有影响的学术高地。

理论经济学一流学科自获批以来，凝聚了一支结构合理、素质良好、勤奋敬业的研究团队，凝练了精准的研究方向，正在开展较为系统、深入的研究，拟形成一批高质量系列研究成果。经理论经济学一流学科编委会的精心组织、认真甄别与仔细遴选，确定了《中国区域经济增长效率集聚与地区差距研究》《村级互助资金与扶贫贴息贷款的减贫机制与效应比较研究》《资产扶贫理论与实践》等 12 本著作，作为理论经济学一流建设学科首批系列学术专著。

系列丛书遴选与出版过程中，宁夏大学经济管理学院成立了"宁夏回族自治区西部一流建设学科理论经济学文库编委会"，编委会成员以高度负责的态度对此工作给予了大力支持，在此表示感谢（编委会名单附后）。

系列丛书的出版，凝结了宁夏大学经济学人的心血和汗水。尽管存在诸多不足，但"良好的开端就是成功的一半"，相信只要学者们持之以恒，不断耕耘，必能结出更加丰硕的成果。

系列丛书的出版，仰赖经济科学出版社的鼎力支持，承蒙经济科学出版社王娟女士的精心策划。现系列学术著作将陆续面世，衷心感谢他们的真诚关心和辛勤付出！

系列丛书的出版，希望求教于专家、同行，以使学科团队的研究更加规范。真诚欢迎专家、同行和广大读者批评指正。我们将努力提升理论和政策研究水平，引领社会和服务人民。

附件：宁夏回族自治区西部一流建设学科理论经济学文库编委会

顾问：陈志钢　史清华　范子英

主任：杨国涛

副主任：高桂英　黄立军　张会萍

委员：（以姓氏笔画为序）

马晓云　马艳艳　仇娟东　王雅俊　东　梅　冯　蛟
石　荣　朱丽娅　陈军梅　陈清华　杨彩玲　杨韶艳

杨国涛
2017 年 12 月于宁夏大学

序 二

自新中国成立以来，减贫作为贫困地区、西部地区加速转型、加快发展的重要实践内容，也是我国国家发展的重要战略目标之一。20 世纪 80 年代中期开始，各级政府就已经开始了有组织、有计划、大规模地农村扶贫开发，先后制定并颁布了《国家八七扶贫攻坚计划（1994~2000 年)》《中国农村扶贫开发纲要（2001~2010 年)》《中国农村扶贫开发纲要（2011~2020 年)》等指导性文件，扶贫事业取得了一定的成效。伴随着国家扶贫战略的不断推进，扶贫领域的供给侧改革也在不断深入。然而，当前的扶贫形势依然严峻，亟须进一步转变扶贫思路，创新扶贫项目的实践方式。

在上述的宏观背景下，陈清华副教授结合宁夏回族自治区金融扶贫的现实情况，选择金融扶贫作为其在职攻读博士学位期间的主要研究方向，并在完成博士学位论文的基础上著成本书——《村级互助资金与扶贫贴息贷款的减贫机制与效应比较研究》，既为当前的政策实践提供了宝贵的参考建议，也具有较高的学术研究价值。从总体上看，本书的价值体现在：

（1）以金融扶贫作为研究内容，与当前中国建设普惠金融体系、供给侧结构性改革的现实背景紧密契合。党中央、国务院高度重视发展普惠金融，并将小微企业、农民、城镇低收入人群、贫困人群和残疾人、老年人等特殊群体作为普惠金融的重点服务对象。2015 年《政府工作报告》明确提出要大力发展普惠金融，让所有市场主体都能分享金融服务的雨露甘霖。从已有研究和政策实践来看，金融普惠的短板在于减贫，尤其是针对广大偏远地区、农村地区的减贫工作，是普惠金融体系建设过程中的重点和难点。基于此，本书以宁夏为例研究贫困村村级发展互助资金的减贫问题，具有重要的现实意义。

（2）以缜密的逻辑分析和深入的理论阐释，辅之以科学的研究方法和翔实的调研数据，使本书的论据充分、结论可靠，有重要的参考价值。本书重点提出并解决了三方面问题：其一，以满足贫困群体金融服务需求为目的的村级互助资金减贫机制，是否能真正满足贫困群体的金融需求？其二，上述实践是怎么满足贫困群体的金融需求的？其三，上述金融减贫实践对贫困农户的减贫作用有多大？相比以往的研究，本书以宁夏为例，对互助资金和扶贫贴息贷款进行更全面、细致地调查，并结合反贫困理论、金融减贫理论和合作金融理论，比较分析互助资金与扶贫贴息贷款减贫机制的差异。以此为基础，利用宁夏回族自治区区级和市级互助资金数据、扶贫贴息贷款数据和农户微观调研数据，选用了相对更加科学的计量分析方法评估村级互助资金与扶贫贴息贷款的减贫效果。例如，运用 Heckman 两阶段样本选择模型和 PSM 模型克服截面数据可能带来的样本选择偏误和内生性问题等。就这一点而言，本书研究所得的结论更具说服力，以此得到的政策建议对当前的实践具有重要的指导意义。

（3）以村级互助资金和扶贫贴息贷款减贫机制和效果的差异作为本书的核心视角，使研究具有较好的创新性和可读性。回顾以往的相关研究，一般都是从相对单一的角度对某一类财政金融支农或减贫的政策效应进行研究，而本书在深入剖析互助资金和扶贫贴息贷款减贫机制的基础上，进一步比较两种不同信贷扶贫政策对贫困发生率、贫困深度和贫困强度影响的差异；并探讨了对不同收入水平的农户而言，其参与使用互助资金和扶贫贴息贷款行为的差异。就这一点而言，本书的研究内容、视角均有一定创新性，为读者提供了一个相对新颖的视角来解读当前的财政金融减贫成效及其存在的问题。

除上述三方面的重要价值外，本书在学术研究、政策指导等方面尚有其他贡献，在此不一一赘述。作为陈清华博士的导师，我期待《村级互助资金与扶贫贴息贷款的减贫机制与效应比较研究》一书能够引起该领域同行的关注、讨论和指正。同时，希望陈清华博士在这个领域坚持探索，做出新的成就贡献。

董晓林

南京农业大学金融学院

2017 年 7 月 15 日

前　言

　　当前中国减贫形势依然非常严峻，中国政府需要改变扶贫项目的实施方式来帮助更多的贫困人口摆脱贫困，金融扶贫已成为国家扶贫战略的重要组成部分。以惠及贫困人口且实现财务可持续为目标的扶贫贴息贷款，是中国政府采用的一种重要的减贫政策和金融扶贫措施。近年来，扶贫贴息贷款取得了一定的成效，但在发展中也暴露出一些问题。非贫困农户、地方企业或开发项目成为信贷扶贫最大的获益者，而很多中低收入者、真正的贫困群体依然面临信贷约束，严重影响了金融扶贫的实践效果，使众多学者对该项目的价值和有效性产生了质疑。部分学者指出扶贫贴息贷款的实施效果与其政策初衷严重偏离，未能完全起到缓解贫困作用。在上述背景下如何制定更科学的扶贫战略？如何更有效地发挥金融在扶贫过程中的重要作用？成为当前亟待解决的重点与难点问题。

　　鉴于贫困农户长期受到正规信贷约束的现状，而现有的扶贫贴息贷款始终难以有效地发挥支农扶贫的作用。2006年财政部联合国务院扶贫办发起设立带有扶贫性质的"贫困村村级发展互助资金"（简称"村级互助资金"或"互助资金"），借鉴孟加拉国小额信贷模式，通过资金互助合作的形式向农户发放免财产抵押的小额贷款，以缓解贫困村、贫困农户生产发展资金短缺难题（国务院扶贫办，2009）。成立互助资金的根本目的是增强贫困农户的发展能力以实现脱贫。作为一种新的减贫方式，互助资金的运行能否缓解贫困农户所受到的信贷约束？其减贫的机理和条件是什么？能否达到上述政策预期的减贫目标？针对这些问题进行深入研究，不仅有助于未来金融扶贫实践更好地识别和瞄准贫困，对当前制定精准的扶贫政策也具有重要意义。

围绕上述问题，本书对互助资金和扶贫贴息贷款进行更全面、细致的调查，首先从理论层面结合反贫困理论、金融减贫理论和合作金融理论，比较互助资金与扶贫贴息贷款的减贫机制的差异；其次利用宁夏回族自治区区级和市级互助资金数据、扶贫贴息贷款数据和农户微观调研数据，实证检验互助资金和扶贫贴息贷款的减贫效果。全书共分为8章，研究的主要内容和结论如下：

研究内容一：村级互助资金与扶贫贴息贷款的减贫机制比较分析。

本部分首先剖析穷人信贷市场中的商业性金融失灵，扶贫贴息贷款目标偏移的原因，提出互助资金设立的理论逻辑；其次分析互助资金如何利用合作金融的制度优势和小额信贷的产品设计瞄准贫困目标，实现覆盖更多贫困户的目标；最后分析扶贫性质的互助资金通过增加贫困农户的初始投资资本、引导贫困农户改变消费支出偏好，支持贫困农户发展有特色产业支撑的农业生产投资，最终帮助贫困农户摆脱贫困陷阱，实现减贫目标。

研究内容二：村级互助资金与扶贫贴息贷款的贫困瞄准比较分析。

本部分首先通过描述分析比较互助资金与扶贫贴息贷款在增加贫困农户覆盖面方面的优势。结果表明，互助资金借款比率最高的是中等偏下收入组农户，扶贫贴息贷款比率最高的是中等收入组农户。其次，本书以宁夏11个县29个村庄492个农户作为研究样本，运用Heckman两阶段选择模型分析互助资金贫困瞄准的精准程度。研究发现，互助资金相比传统的扶贫贴息贷款而言，服务目标能够延伸到更为贫困的农户，扶贫效果更显著。(1) 在参与使用互助资金的方程中控制其他变量后，农户人均纯收入显著影响互助资金的参与和使用，而且人均纯收入对农户参与和使用互助资金程度的影响是非线性的且呈倒 U 形关系，人均纯收入在 2600～2800 元的农户受益最多。(2) 参与使用扶贫贴息贷款方程中，运用 Logit 模型和 Tobit 模型，分析具备哪些家庭特征的农户更有可能参与使用扶贫贴息贷款。研究发现，人均纯收入对农户参与和使用扶贫贷款的影响也是非线性的且呈倒 U 形关系，但是人均纯收入在 4300～4500 元的农户受益最多。(3) 总体来看，相比扶贫贴息贷款，互助资金的服务目标有所下沉，但是其排斥富裕农户的同时也未能覆盖最贫困的农户。这是由金融扶贫的"铁律"决定的。金融扶贫要求偿还性，对那些缺乏发展生产能力的最贫困农户，应该由财政提供无偿援助，并且要提高贫困农户的发展能力，否则向其提供贷款也不能得到有效使用。

研究内容三：村级互助资金影响农户生产投资和收入的实证分析。

本部分利用宁夏 13 个县 37 个贫困村 655 户农户的调研数据，通过构建 PSM 模型系统评估互助资金对农户家庭农业生产投资与收入的影响，同时有效地克服了自选择可能带来的内生性问题。实证结果表明互助资金增加农户生产投资的力度进而提高了贫困农户的收入水平。进一步通过加权最小二乘法实证检验，比较互助资金影响贫困户与非贫困户的生产投资效果，发现相比于非贫困户，贫困户获得互助资金后，农业生产投资效果的增加程度更为明显。在此基础上，通过案例分析，若互助资金能与特色产业相结合，将对农户生产投资和收入产生良性循环。

研究内容四：村级互助资金和扶贫贴息贷款的动态减贫效果比较分析。

本部分首先基于《宁夏调查数据》和《宁夏统计年鉴》中农村居民人均纯收入和收入分组的相关数据，运用世界银行 Povcal 软件测度宁夏农村家庭的贫困程度。其次，结合宁夏回族自治区区级层面的互助资金和扶贫贴息贷款数据，构建 VAR 模型比较扶贫贴息贷款和互助资金分别对贫困发生率、贫困深度和贫困强度的影响。通过脉冲响应图发现，互助资金在短期对贫困发生率、贫困深度和贫困强度有负向影响，而扶贫贴息贷款在短期有正向影响。但是两者在长期都没有通过显著性检验。最后，进一步结合宁夏市级层面互助资金和扶贫贴息贷款数据面板数据，构建面板 VAR 模型，并进行脉冲响应分析比较互助资金与扶贫贴息贷款对农户人均纯收入的影响，再次验证了上述的结果。

综上所述，本书认为相比扶贫贴息贷款，互助资金在短期内实现了一定的减贫目标。互助资金能将服务人群延伸至更贫困的人群，对农户尤其是贫困农户的生产投资水平提高和收入增长有一定的显著促进作用。但是两者长期的扶贫效果需要进一步的观察，也说明了信贷扶贫要达到一定的效果需要其他扶贫政策的配套实施。只要在贫困农户有发展能力和发展愿望的条件下，如果缺少生产投资资金，这是给予信贷支持，才能实现更显著的减贫效果。

基于以上结论，互助资金比扶贫贴息贷款在短期有较显著的减贫效果，在扶贫资金有限的情况下，政府应该更多地发展互助资金来进一步提高减贫的效果。本书提出如下政策建议：第一，进一步规范互助资金的运作，提高其贫困瞄准的精度；第二，在当前全国广泛开展金融扶贫的大背景下，进一步整合扶贫资金，扩大资金来源，充分发挥财政对金融扶贫资金的撬动和放大作用，引导贫困地区开展互助资金实践，发挥其缓解贫困人群资金压力、提高信贷可获得性的重要作用，解决农户尤其是贫困户的资金不足问题；第三，鼓励互助资金平台创新金融服务，提供更加多元化的金融服务以满足贫困人群不同阶段的金融需求，提高互助资金的减贫效果。此外，要充分考虑到贫困农户的需求特征，在为其提供必要资金支持的同时，也要适时地向这些群体输出包括创业技能辅导、农业农艺技术、生产资料、气象服务等在内的多元化服务，帮助穷困农户了解农产品市场的价格信息、拓宽其销售渠道，最终提高农户的生产技术水平，实现脱贫致富。

CONTENTS 目录

第 1 章

导　论

1.1　问 题 提 出

　　贫困是全球性的社会现象。虽然当今世界经济呈现高速发展的趋势，但是贫困和因贫困产生的问题依然存在。贫困问题已成为影响和制约当今社会发展的严重问题之一，是人类社会必须面对的严峻挑战。减贫是一个世界性的课题，各国政府均把减贫当成其重要的政策目标，努力追求减少贫困或者消除贫困。世界银行 2013 年的发展报告提出了消除极端贫困的总体发展目标：期望在 2030 年将每人每日生活消费支出在 1.25 美元以下的人口比例降低至 3%，基本消除极端贫困；并着重提高发展中国家 40% 最低收入人口的收入，推动世界人民的共同繁荣。中国政府 2015 年在中共十八届三中全会中明确其减贫目标：按新贫困标准计算下的贫困人口到 2020 年全部脱贫，贫困县完成"摘帽"工作并解决区域性整体贫困。2016 年政府又在两会的相关决议中反复重申，近五年要把脱贫攻坚作为头等大事来抓，实施精准扶贫和精准脱贫，让贫困人口真正得到实惠。

　　中国贫困人口基数大，集中分布在连片特困地区的贫困县和贫困村。按照 2010 年价格水平下农村贫困标准每人每年 2300 元计算，2013 年中国依然有 3000 万贫困家庭和 8249 万贫困人口；2014 年农村贫困人口虽然比 2013 年减少 1232 万人，但仍有 7017 万人；截至 2015 年底的统计数据显示，中国仍有 5575 万的贫困人口①。与发达国家不同，中国的贫困情况较

---

　　①　《中国农村贫困监测报告（2016）》。

为复杂，具有贫困人口总数多、贫困区域分布集中、贫困程度深、脱贫难度大和产业扶贫尚未形成有效的支撑等特点，致使减贫任务繁重。

基于此，中国政府需要改变扶贫方式以帮助更多的贫困人口摆脱贫困。金融扶贫是当前中国国家扶贫战略的重要组成部分。金融扶贫是指利用信贷、保险等方式为贫困地区、贫困人口提供生产性资金投入，解决生产性资金不足的问题，实施"造血式"扶贫，提升贫困人群的自我发展能力和创造谋生机会，改变贫困地区人群的贫困状况。2000 年以来，中国政府致力于创新和积极改进金融扶贫模式，推动贫困地区经济发展水平和农民增收水平。2011 年 12 月《中国农村扶贫开发纲要（2011~2020）》和2013 年中央"一号文件"分别提出要改善农村金融服务，发挥政策性金融、商业性金融与合作性金融三大正规金融的作用，加强金融惠农支农力度。2013 年 12 月，中央办公厅出台了《关于创新机制扎实推进农村扶贫开发工作的意见》，要求中国人民银行、财政部和国务院扶贫办等部门负责落实完善金融服务机制，明确信贷扶贫重要性，强调增加对低收入人群的信贷服务，以减轻其贫困程度。尤其是在贫困地区，推广扶贫到户的小额信贷试点，全面扩宽金融扶贫广度、加强金融扶贫深度。2014 年 3 月中国人民银行、财政部和国务院扶贫办等部门联合印发了《关于全面做好扶贫开发金融服务工作的指导意见》，提出新的目标：2020 年要大幅提高贫困地区金融服务水平，以期达到接近全国平均水平，初步建成全面覆盖贫困地区各阶层和弱势群体的普惠金融体系。2014 年 12 月，国务院扶贫办会同财政部、中国人民银行、中国银监会和中国保监会提出《关于创新发展扶贫小额信贷的指导意见》，丰富扶贫小额信贷的产品和形式，为贫困村提供更加丰富且因地制宜的金融服务，改善贫困地区金融生态环境。

1986~2013 年，中国政府扶贫贴息贷款年均总额达 167.7 亿元，占扶贫资金总额的 55.9%[①]。中国政府的金融扶贫政策和措施取得了一定的成效，但同时在发展中也暴露出了一些问题。学者们认为，虽然中国扶贫贴息贷款项目的设立目标是为了惠及贫困人口并且实现财务可持续，但是现实中的效果并不理想。已有的研究表明，非贫困农户、地方企业或开发项目成为信贷扶贫最大的获益者，中低收入者、真正的贫困群体依然面临信贷约束，严重影响了金融扶贫的实践效果。李小云等（2005）认为贴息扶贫贷款在运行中偏离贫困群体，其用于缓解贫困目标群体贫困状态效果已

---

① 根据《中国农村贫困监测报告（2015）》计算。

经不明显，建议取消扶贫贴息贷款。在上述背景下如何制定更科学的扶贫战略？如何更有效地发挥金融在扶贫过程中的重要作用？成为当前亟待解决的重点与难点问题。

鉴于贫困农户长期受到正规信贷约束的现状，而现有的扶贫贴息贷款始终难以有效地发挥支农扶贫的作用，2006年财政部联合国务院扶贫办在全国贫困地区实施"贫困村村级发展互助资金"（简称"村级互助资金"或"互助资金"）项目，通过互助合作的方式向贫困地区农户发放无抵押的小额贷款（国务院扶贫办，2009）。村级互助资金是以扶贫为目的，以互助合作为手段，把政府扶持和群众互助结合起来的一种合作组织。互助资金首先通过财政扶贫资金投入和村民缴纳部分股金的方式来筹集资金，然后运用社员大会、理事会和监事会的治理模式进行管理，通过联保方式为社员发放借款，用于发展生产。

互助资金项目是一种扶贫方式和合作金融组织的创新，发展至今已成为中国贫困地区农村覆盖面和影响力最大的扶贫型资金互助组织（胡联等，2015）。作为一种新的扶贫方式，互助资金的减贫机制是什么？与扶贫贴息贷款相比，其减贫机制有何差异？互助资金是否实现扶弱互助的政策初衷？其是否能够缓解贫困农户的信贷约束、提高农户收入和自我发展能力？与扶贫贴息贷款相比，互助资金的减贫效果如何？另外，为实现精准扶贫，政府应该做出怎样的政策调整？对这些问题的研究不仅有助于互助资金更好地瞄准贫困，而且对当前精准扶贫的政策制定具有重要意义。

本书围绕上述问题，首先，对互助资金和扶贫贴息贷款进行更加全面、细致地调查，并结合反贫困理论、金融减贫理论和合作金融理论，从理论层面比较分析互助资金和扶贫贴息贷款的减贫机制；其次，利用宁夏互助资金和扶贫贴息贷款的运行数据和农户微观调研数据，分别从微观的农户角度分析和宏观的时间维度比较分析互助资金和扶贫贴息贷款的减贫效果差异；最后，对互助资金与扶贫贴息贷款的短期和长期效果进行综合评价。相关研究结果具有以下几个作用：第一，有利于尽早发现项目运行中出现的问题，以便从规范的角度推广、改善互助资金运行模式，构建互助资金减贫新路径。研究成果对优化配置财政扶贫资金和推动新型农村合作金融的发展都具有一定的理论价值和现实意义。第二，作为一项创新的扶贫政策，互助资金是否达到政策预期的目标，实现了扶贫扶弱目的，其后期评价很重要。因而，需要对互助资金的减贫机制和效应进行系统研究，计算贫困农户参与和使用互助资金的概率及影响因素，评估互助资金在缓解贫困农户的信贷约束、提高农户收入和提升自我发展能力等方面的效果，并用计量方法来衡量互助资金的动态减贫效果。第三，研究结果将有助于提高扶贫小额信贷的精准度，并为扶贫政策抉择提供参考。因此，本书不仅具有较高的理论研究价值，对中国金融精准扶贫政策实施过程中的现实问题也具有一定的指导作用。

1.2　基本概念界定

1.2.1　扶贫贴息贷款

信贷扶贫与财政扶贫、以工代赈共同构成了政府扶贫的三大框架，已成为中国政府实施扶贫政策的重要战略之一。信贷扶贫强调对农村弱势群体提供金融服务，是解决贫困人口贷款难问题的重要举措。1986 年以来，中国政府积极实施农村扶贫开发活动，中国农村信贷扶贫政策先后出现了扶贫贴息贷款、扶贫小额信贷和互助资金三种主要的模式（见表 1-1）。

表 1-1　　　　　　　中国农村信贷扶贫政策

主要政策	实施时间	扶持对象	主要内容
扶贫贴息贷款	1986 年	贫困地区	为贫困地区提供有利息补贴的优惠贷款
扶贫小额信贷	1997 年	贫困地区	为农户提供小额信贷支持
村级互助资金	2006 年	贫困村	创新的合作金融的形式

扶贫贴息贷款是一种重要的信贷扶贫方式，以实现扶贫为目的，利用信贷服务工具，以国家财政资金为资金来源，由政府和正规金融机构共同运作的政策性金融扶贫模式（张伟和胡霞，2011）。自 1986 年开始在全国范围推广以来，扶贫贴息贷款每年占国家扶贫总支出的一半以上，就政府资金投入力度和重视程度而言，都是其他信贷扶贫模式难以比拟的。扶贫贴息贷款以项目为基本管理单位，通过政府贴息，鼓励正规金融机构向重点贫困地区和贫困人口提供扶贫贴息贷款。一般而言，扶贫贴息贷款收取的利率低于法定利率，由财政给予金融机构利息补贴。

1997 年为了解决扶贫贴息贷款无法到达贫困户和回收率低的问题，中国政府在扶贫贴息贷款中开始引入扶贫小额信贷分配管理方式。因而，以政府主导的扶贫小额贷款其本质上依然属于扶贫贴息贷款。相关研究表明，扶贫小额信贷在扶贫实践中存在"瞄不准现象"或"瞄不准定律"，即扶贫小额信贷在抵达贫困人口前会出现渗出，被乡村中的精英提前截取，对最贫困人群是低效或者无效的（谢玉梅等，2016）。同时，即使扶贫小额信贷最终投向了部分最贫困人群，但相对富裕者仍比最贫困人群获益多（高灵芝和胡旭昌，2005）。

从1999年开始，中国政府按照"小额短期、贷户联保、整贷零还"的要求，对扶贫贴息贷款进行了一系列改革。2008年国务院扶贫办等部门又进一步改革扶贫贴息贷款的管理体制，试图提高贫困瞄准的效果。下放扶贫贷款管理权限和贴息资金，尤其是"到户贷款"权限全部下放到县，并鼓励愿意参与扶贫工作的任何银行业金融机构参与；确保到户贷款达到一定的比例，强调"到户贷款"重点投向贫困户，以"项目贷款"带动贫困户，确保贫困户受益；扶贫贷款实行固定贴息利率，"到户贷款"按年息5%、"项目贷款"按年息3%给予贴息（吴本健等，2014）。

从1986年开始发放扶贫贴息贷款，到2008年国务院同意全面改革扶贫贴息贷款管理体制，在长达30年的扶贫小额信贷实践中，虽然相关部门采取多项改革措施，由政府主导下的扶贫贴息贷款在扶贫过程中依然存在扶贫精准度差、扶贫效率低、扶贫实施效果差强人意等问题（陈立辉等，2014；胡联等，2014；秦月乔和刘西川，2016；谢玉梅等，2016），急需改进现有扶贫资金的使用和分配模式。

1.2.2　村级互助资金

村级互助资金是由扶贫办联合财政部门发起的，在贫困村试点，以政府财政扶贫资金和村民根据自己的意愿按一定比例缴纳的股金为基础，滚动周转使用的生产发展资金。用以缓解贫困村、贫困农户生产发展资金不足，帮助贫困农户提高收入，同时提高贫困农户管理、组织和发展的能力（汪三贵和郭子豪，2015）。因此，村级互助资金是由财政出资，扶贫办负责监督指导，社区自我管理的政策性微型合作金融组织，一种非营利性的互助资金组织，其导向是扶贫，关键在互助合作。

互助资金的总体目标和基本原则如下①：

---

① 《关于进一步做好贫困村互助资金试点工作的指导意见》（2009年）。

互助资金试点的总体目标是：创新扶贫模式，有效缓解贫困村、贫困农户生产发展资金短缺问题；探索建立扶贫资金与农民自主经营相结合的有效方式，引导发展支柱产业，培育农民新型合作社和新型农民；提高贫困农户自我管理、自我组织和自我发展的能力，实现可持续发展。

互助资金试点的基本原则是：试点严格限制在贫困村，贫困户入社可免缴或少缴互助金，并享有与其他入社农户同等权利，优先获得资金和技术支持。规范运作和管理，互助社建在行政村，互助资金"不出（跨）村、不吸储"。积极稳妥推进试点，在能力可及、风险可控的基础上，科学合理地确定试点规模。对工作积极性高、措施有力、基础扎实、运作规范的省、县，给予重点支持，不搞平均分配。

村级互助资金既不同于正规金融机构的商业信贷，也不同于扶贫贴息贷款，既是一种新型的扶贫小额信贷模式，又是一种创新的合作金融的形式。与其他现有的信贷扶贫模式相比，村级互助资金有如下优势和特点。第一，在资金的使用和运转过程中，强调培养和提高贫困农户的自我发展能力；第二，在使用上贯彻合作型反贫困理念，降低资金供给成本，提高贫困群体金融服务的可获性。互助资金规范运行，有可能弥补扶贫贴息贷款目标偏移的缺陷，成为中国政府在贫困地区开展金融扶贫的主要工具之一（左停等，2015）。

村级互助资金为贫困地区的农户提供小额信贷，促进农村弱势群体发展，是正规金融的重要补充。自2006年试点以来，互助资金得到了迅速发展，无论是从覆盖范围还是从推进速度来看，其所表现出的发展势头在我国信贷扶贫历史上都是前所未有的。截至2012年底，全国累计有1286个县，17913个村开展了资金试点，资金规模已经达到44.98亿元。到2013年底，全国28个省，1286个县，约1.8万个试点村，累计资金规模约45亿元（高扬，2014）。截至2015年，全国互助资金数量已达2万个，进入了一个规范发展的阶段①。作为一种新的信贷扶贫模式，互助资金在实际运行过程中也存在诸如资金动员困难、偏离贫困群体以及贷款风险高等问题（陈立辉等，2014）。

1.2.3 减贫效应

减贫效应是指在成本一定的前提下，扶贫资金的投入是否惠及更多的

---

① 《中国扶贫开发年鉴（2016）》。

穷人，实现穷人收入增加，减缓贫困。本书的减贫效应研究主要包括，微观层面上研究信贷扶贫投入的贫困瞄准及其对贫困地区农户生产投资和收入的影响；宏观层面上分析贫困发生率、贫困深度、贫困强度及农民人均纯收入对信贷扶贫的冲击反应。

要充分发挥某一项政策措施的减贫效应，首先要确保这一政策措施对贫困对象的瞄准程度，即贫困瞄准。贫困瞄准一直以来都是中国政府在制定扶贫政策时和政策实践中所关心的核心问题，但现有研究对贫困瞄准的定义尚不统一，有些文献也称之为扶贫瞄准。普遍认为，贫困瞄准包括瞄准对象、瞄准方法、事后的评估和监督三个连续的过程。瞄准对象就是瞄准的区域或人群；瞄准方法是瞄准对象的策略；评估和监督是指资金或资源被分配发放后的评估和管理。贫困瞄准是扶贫实践中的重要环节，决定着扶贫政策或扶贫项目的绩效。有研究表明，瞄准失当可能会进一步导致穷者更穷、富者更富，加剧贫富差距，甚至不如将资源直接平均分配（汪三贵等，2015）。

中国贫困瞄准可分为四个阶段。第一阶段为区域瞄准阶段，以贫困县为扶贫对象，始于 20 世纪 80 年代；第二阶段为村级瞄准阶段，始于 2001 年，以贫困村为对象；第三阶段为连片特困地区瞄准阶段；第四阶段是瞄准到户，2014 年要求对贫困户进行精准识别，瞄准细化到户。精准扶贫已成为新阶段解决我国贫困问题的重要战略举措，提高扶贫精准度是未来扶贫工作的主导方向之一。虽然中国贫困瞄准对象先后经历了县、村和户的转变，但是无论贫困瞄准对象如何变化，最重要的问题是在现有条件下，如何更精确地瞄准贫困人口。相关研究表明，当前中国贫困瞄准对象经历了从县、村到户的精确转变，虽然通过改变瞄准对象和瞄准手段等方式理论上不可能完全克服扶贫过程中的目标偏移问题，但在实践中可以尝试通过多种措施在一定程度上提高贫困瞄准的精度（郭小妹，2015；汪三贵和郭子豪，2015；郑瑞强和曹国庆，2015）。

1.3 研究目标与研究假说

1.3.1 研究目标

本书的总体目标是从理论上分析互助资金和扶贫贴息贷款的减贫机制

差异，并对两者的减贫效果进行实证研究，综合评价互助资金和扶贫贴息贷款减贫的政策目标，为互助资金的健康发展和政策的合理制定提供依据。具体研究目标可表述如下：

（1）从理论上比较村级互助资金与扶贫贴息贷款减贫机制的差异。具体而言，首先，剖析了由于商业性金融失灵而使贫困农户受到信贷约束，提出需要政府干预信贷市场；其次，分析扶贫贴息贷款的目标偏移的可能原因；再次，进一步分析互助资金利用合作金融的制度优势、通过借鉴小额信贷的产品设计实现精准扶贫的目标，互助资金促进贫困农户增加农业生产投资进而提高农户收入水平的机理；最后，比较这两种不同的扶贫政策取向对贫困减缓差异。

（2）比较分析村级互助资金和扶贫贴息贷款的贫困目标瞄准。具体而言，首先通过描述性统计比较分析参与使用互助资金和扶贫贴息贷款的农户家庭的经济特征差异，进而构建计量模型实证检验影响农户参与使用互助资金和扶贫贴息贷款的因素及其作用效果，证明互助资金的扶贫目标瞄准精度是否高于扶贫贴息贷款。

（3）分析村级互助资金发展对农户生产投资与收入水平的影响。具体而言，首先通过案例分析互助资金支持贫困农户发展生产的机制及实践效果，并构建计量模型实证检验是否参与互助资金对农户生产投资和收入的影响，进一步比较参与互助资金对贫困户与非贫困户农业生产投资影响效果的差异。

（4）比较分析村级互助资金与扶贫贴息贷款的动态减贫效果。具体而言，运用宏观层面的数据，构建计量模型实证分析互助资金与扶贫贴息贷款对贫困指数和农民人均纯收入的影响。

（5）提出创新信贷扶贫机制与提高扶贫效果的思路与对策。

1.3.2 研究假说

本书根据上述研究目标，首先，从理论上分析商业性金融和扶贫贴息贷款在贫困地区的失灵，无法缓解贫困地区农户的信贷约束，而互助资金利用合作金融的制度优势和小额信贷的产品设计，为更多的贫困农户提供借款，并提高扶贫资金的使用效果。其次，在理论分析的基础上，运用经验数据，实证检验以下研究假说：

假说一：与扶贫贴息贷款相比，村级互助资金能够覆盖更多的贫困户，其服务目标有一定的下沉。

扶贫贴息贷款实质上是政府扶贫部门强制要求商业银行对穷人实行优惠利率，即对穷人的贷款利率低于对富人的贷款利率。扶贫贴息贷款不管是在利率管制条件下，还是在利率市场化条件下，都不可避免地出现贫困目标偏移。扶贫贷款业务风险高和收益低的特性与商业银行追求营利性的商业化运作模式相矛盾。村级互助资金利用合作金融制度优势，利用社会资本，减少交易成本和违约风险，提高贫困村农户借款的机会。互助资金严格坚持在本村内部运行，农户不能跨村加入互助资金，这确保了互助资金内部成员之间彼此较为熟悉，能够有效地甄别贫困农户，提高贫困的瞄准度。同时互助资金利用小额信贷产品设计，严格限制互助资金借款期限和借款金额，在一定程度上增加富裕农户借款的成本，进而提高贫困农户获得互助资金的借款机会。

假说二：村级互助资金通过增加贫困农户初始投资资金，改变贫困农户的消费支出偏好，引导农户发展特色产业，增加农户农业生产性投资，从而增加农户的收入。

互助资金正是通过政府施加外部干预的方式，为贫困地区的农户提供了充足的信贷资金，使原先较为贫困的农户的初始投资量增加，农户的资本边际报酬率大幅提高，边际收入增长，从而摆脱贫困。村级互助资金作为扶贫项目改变了贫困农户的偏好，构建可持续的收入实现机制。

假说三：与扶贫贴息贷款相比，村级互助资金对贫困发生率、贫困深度和贫困强度缓解作用较显著，但也存在一定的目标偏移。

不同的扶贫政策取向对贫困的影响存在差异，如果互助资金的受益农户的收入分布是在贫困线附近，那么互助资金会使贫困发生率下降，但贫困深度和贫困强度会恶化；如果互助资金的受益农户的收入分布是远低于贫困线，那么互助资金会对贫困发生率下降没有影响，但会改善贫困深度和贫困强度。扶贫贴息贷款也是同理。

1.4 研究内容与结构安排

1.4.1 研究内容

为了实现上述研究目标，本书的核心内容共计四个部分：

（1）村级互助资金与扶贫贴息贷款减贫机制比较分析。首先，分析穷人信贷市场中的商业性金融失灵，扶贫贴息贷款目标偏移的原因，提出互助资金设立的理论逻辑。其次，分析互助资金凭借合作金融的制度优势及小额信贷的产品设计干预贫困农户的信贷市场的机理，与扶贫贴息贷款相比，互助资金提高了贫困农户的信贷可获性、增加了贫困农户的覆盖面。并借鉴已有的研究，比较分析互助资金与扶贫贴息贷款在目标瞄准方面的差异，不仅包含对不同收入水平农户影响效果的对比分析，还包含了由此引致的对贫困指标的差异化影响。最后，剖析扶贫性质的互助资金通过增加贫困农户的初始投资资本、引导贫困农户改变消费支出偏好进而支持贫困农户进行有特色产业支撑的农业生产投资，最终帮助贫困农户摆脱贫困陷阱，实现减贫目标的激励。

（2）实证比较研究村级互助资金与扶贫贴息贷款的贫困覆盖面。首先，通过描述分析，比较互助资金和扶贫贴息贷款的贫困覆盖面。其次，以宁夏 11 个县 29 个村庄 492 个农户作为样本，运用 Heckman 两阶段选择模型，研究参与和使用互助资金的影响因素；运用 Logit 模型和 Tobit 模型，研究使用扶贫贴息贷款的影响因素。最后，通过比较分析互助资金的贫困瞄准问题。

（3）实证检验村级互助资金对农户生产投资和收入的影响。首先，利用宁夏 13 个县 37 个贫困村 655 个农户的调研数据，通过构建 PSM 模型系统评估互助资金对农户家庭农业生产投资与收入的影响。其次，本书进一步实证检验比较互助资金对贫困户与非贫困户生产投资的影响效果。最后，通过案例分析互助资金与特色产业结合进而支持贫困户发展生产的经验证据。

（4）实证比较研究村级互助资金与扶贫贴息贷款的动态减贫效果。首先，基于《宁夏调查数据年鉴》和《宁夏统计年鉴》中农村居民人均纯收入和收入分组的相关数据，运用世界银行提供的 Povcal 软件测度农村家庭的贫困状况。其次，本书结合互助资金和扶贫贴息贷款数据，构建 VAR 模型比较扶贫贴息贷款和互助资金对贫困发生率、贫困深度和贫困强度的影响。最后，进一步构建面板 VAR 模型并进行脉冲响应分析，比较互助资金与扶贫贴息贷款对农户人均纯收入的影响。

1.4.2　结构安排

第 1 章　导论。从研究背景出发，提出本书关注的问题。对相关概念进行明确的界定，提出本书研究的目标与假说。在此基础上概述本书研究内容和结构安排，并介绍研究方法和数据来源、技术路线，最后指出本书可能的创新与不足。

第 2 章 理论基础与文献综述。该部分首先梳理了与本书研究相关的理论以及国内外学者对互助资金和扶贫贴息贷款的相关研究。在此基础上，对已有研究进行总结评述，明确本书对已有研究的贡献与推进。

第 3 章 研究思路与分析框架。该部分将在理论基础和文献综述的基础上提出本书的研究思路。先从理论分析贫困地区农户信贷约束的可能原因；剖析互助资金利用合作金融制度优势和小额信贷产品设计提高贫困农户信贷可获性；进一步剖析互助资金通过增加贫困农户的初始投资资本，引导贫困农户改变消费支出偏好，支持贫困农户进行有特色产业支撑的农业生产投资，最终帮助贫困农户摆脱贫困陷阱，实现减贫目标。最后比较扶贫贴息贷款与互助资金两种信贷扶贫政策对贫困指数的影响。

第 4 章 扶贫贴息贷款与村级互助资金的运行现状。该部分是本书研究的逻辑起点。首先描述性分析贫困农户的信贷约束程度及其产生的原因，然后从资金来源、资金运用、管理架构、风险管理和目标瞄准五个方面比较分析互助资金和扶贫贴息贷款的运行现状，指出互助资金运行中存在的问题。

第 5 章 村级互助资金与扶贫贴息贷款的贫困瞄准实证分析。该部分是本书研究核心内容之一。首先通过描述性统计比较互助资金和扶贫贴息贷款贫困覆盖面的差异；然后，实证检验了参与和使用互助资金和扶贫贴息贷款的影响因素，给出互助资金精准扶贫的经验证据。

第 6 章 村级互助资金对农户生产投资和收入的影响。该部分是本书研究核心内容之二。首先，评估互助资金对农户家庭生产投资与收入的影响；其次，构建计量模型比较互助资金影响贫困户与非贫困户生产投资效果的差异；最后，通过典型案例验证了互助资金有助于引导贫困户发展特色产业以实现脱贫目标。

第 7 章 村级互助资金与扶贫贴息贷款动态减贫效果比较。该部分是本书研究的核心内容之一。运用宏观统计年鉴数据，测算宁夏农村贫困指数和收入分配状况，根据样本数据的特征分别构建 VAR 模型，与扶贫贴息贷款比较，实证检验互助资金对贫困指数和人均纯收入的动态影响。

第 8 章 研究结论与政策建议。该部分主要是针对前文的研究结果进行总结、归纳，并在此基础上提出相应的政策建议。

1.5 研究方法、数据来源与技术路线

1.5.1 研究方法

本书采用理论、实证分析相结合，定量、定性分析相结合的研究方法，通过实地调查和典型案例分析，运用农户微观调查数据、互助资金的运行数据，从互助资金与扶贫贴息贷款相比较的视角，分析互助资金的减贫机制与效应。具体研究方法如下：

（1）理论分析方法。运用反贫困理论、金融发展理论、合作金融理论分析互助资金与扶贫贴息贷款的减贫机制。

（2）案例分析方法。以宁夏盐池县和同心县村级互助资金支持贫困农户发展农业产业为例，分析互助资金对农业生产投资的影响。

（3）比较分析法。通过互助资金与扶贫贴息贷款比较，分析互助资金减贫机制，并从互助资金的目标瞄准和动态减贫效果两个方面比较两者的减贫效果。

（4）计量模型法。第一，利用农户微观调查数据，运用 Heckman 两阶段样本选择模型，研究农户参与和使用互助资金程度的影响因素；同时运用 Logit 模型和 Tobit 模型分析使用扶贫贷款的影响因素，比较不同收入层次农户的受益情况，以此来分析互助资金目标瞄准。第二，利用农户微观调查数据，采用倾向值匹配（PSM）方法研究互助资金对农户生产投资和收入的影响，并进一步用加权最小二乘法研究贫困户与非贫困户利用互助资金在农业生产上的投资效应差异。第三，利用宏观统计数据，运用向量自回归（VAR）模型的脉冲响应函数和面板 VAR 模型的脉冲响应函数分析互助资金和扶贫贴息贷款的动态减贫效果。

1.5.2 数据来源

本书的数据主要有宏观数据和微观调查数据，具体如下。

1.5.2.1 宏观数据

（1）相关统计年鉴。1995～2004 年《宁夏农村社会经济调查年鉴》、2006～2013 年《宁夏调查数据》、2005 年和 2014～2016 年《宁夏调查年鉴》、1995～2016 年《宁夏统计年鉴》、2000～2015 年《中国财政年鉴》、2011～2015 年《扶贫开发年鉴》、2000～2011 年和 2015 年《中国农村贫困监测报告》和 1995～2015 年《中国农业年鉴》等。

（2）村级互助资金和扶贫贴息贷款运行数据。该部分数据主要来源于宁夏扶贫办及互助资金管理中心，经过多次与宁夏回族自治区区级和县级扶贫办及互助资金管理中心相关负责人交谈，了解宁夏回族自治区区级和县级历年互助资金和扶贫贴息贷款运行的基本情况，并获得相关的数据。

1.5.2.2 微观调查数据

（1）宁夏 13 个县 37 个村 655 个农户抽样调查数据。以宁夏为例，在宁夏农村地区，重点以宁夏农村的农户为研究对象，具体调查方案设计见图 1－1。

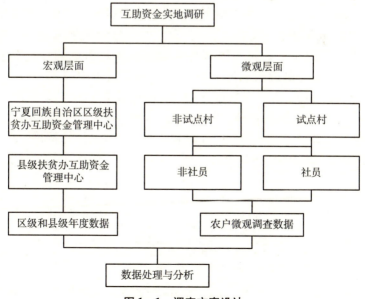

图 1－1 调查方案设计

微观抽样调查始于 2014 年 7 月，截至 2015 年 2 月。采用了县、乡镇、村庄三阶段 PPS[①] 的抽样方法，试点村遵循以下两个原则：一是选取成立早且具有代表性或唯一性的试点村；二是确保样本分布区域的随机性。非试点村一般和试点村相邻近。样本村庄分布在宁夏经济发展水平不同的 3 个地区[②]，13 个县、37 个村，有 29 个试点村和 8 个非试点村。每个村庄根据农户收入水平高中低平衡原则，抽取 20 户农户，确保既有入社农户（社员），又有非社员。本次调研共发放农户问卷 740 份，收回有效问卷 655 份。包含非试点村农户 163 户，试点村农户 492 户。492 户试点村农户中社员 289 户，非社员 203 户。北部川区 151 户、中部干旱带 235 户和南部山区 269 户，样本具有省级代表性。

调查问卷包括村庄问卷和农户问卷，实行一对一的问卷填写。村庄主要访谈对象为互助资金的理事长（或监事长或会计），互助资金问卷调查的主要内容，包括村庄的基本情况，村庄信贷扶贫获得情况、互助资金的运行和管理，对互助资金使用后的评价四个部分。农户问卷调研对象为社员和非社员，问卷内容包括五个部分：第一部分为家庭人口统计学特征家庭成员信息；第二部分为家庭经济情况；第三部分为农户资金需求、农户获得正规金融机构贷款的情况，含扶贫贴息贷款；第四部分为互助资金的参与情况；第五部分为对互助资金借款的评价。

（2）2011 年和 2013 年中国家庭金融调查数据[③]（中国家庭金融调查与研究中心，西南财经大学）。2009 年，西南财经大学成立了中国家庭金融调查与研究中心，对中国城乡家庭进行入户追踪调查。本书使用 2011 年和 2013 年的调查数据：2011 年的调查覆盖中国 25 个省、80 个县（区、县级市）、320 个社区（村），有效样本 8438 户，其中农村样本 3244 户[④]，占总样本的 38.4%，具有全国代表性；在追踪 2011 年受访户的基础上，2013 年对样本进行了大幅扩充，覆盖全国除新疆、西藏及港澳台地区外的 29 个省、262 个县（区、县级市）、1048 个社区（村），有

---

① PPS 抽样方法又称按规模大小成比例的概率抽样方法，是一种使用辅助信息，从而使每个单位均有按其规模大小成比例的被抽中概率的一种抽样方式。PPS 抽样是指在多阶段抽样中，尤其是二阶段抽样中，初级抽样单位被抽中的概率取决于其初级抽样单位的规模大小，初级抽样单位规模越大，被抽中的机会就越大，初级抽样单位规模越小，被抽中的概率就越小。

② 南部山区包括西吉县、原州县、彭阳县、隆德县、泾源县；中部干旱带包括盐池县、红寺堡区、同心县和海原；北部川区包括平罗县、永宁县。其中，南部山区和中部干旱带 9 个县是国家级贫困县。

③ 甘犁、尹志超、贾男、徐舒、马双：《中国家庭资产状况及住房需求分析》，载《金融研究》2013 年第 4 期。

④ 在第 4 章，剔除一些无效样本，有效农村样本农户 3014 户。

效样本 28143 户，其中农村样本 8932 户，占总样本的 31.7%，样本兼具省级代表性。

1.5.3 技术路线

本书的技术路线见图 1-2。

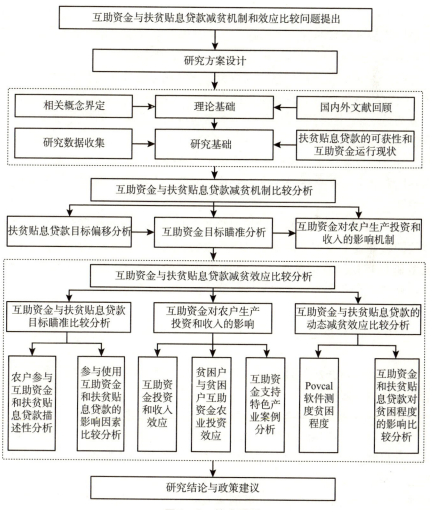

图 1-2 技术路线

1.6 可能的创新与不足之处

1.6.1 可能的创新

本书通过比较互助资金与扶贫贴息贷款减贫机制的差异,并从互助资金和扶贫贴息贷款的贫困目标瞄准以及互助资金对农户生产投资和收入的影响两个层面分析减贫的效果差异。本书可能的创新在于:

(1)通过比较分析村级互助资金和扶贫贴息贷款减贫机制和效果的差异,研究的视角有一定的创新。已有对财政金融支农或减贫效应的研究,一般都是从单一的角度进行分析,本书通过深入分析互助资金和扶贫贴息贷款的减贫机制的基础上,进一步比较两种不同信贷扶贫政策对贫困发生率、贫困深度和贫困强度的影响差异;还比较不同收入水平的农户参与使用互助资金和扶贫贴息贷款行为差异。因此,在研究的视角上具有一定的新颖性。

(2)试图运用更加科学的计量分析方法评估村级互助资金与扶贫贴息贷款的减贫效果。本书运用微观调查数据,运用 Heckman 两阶段样本选择模型和 PSM 模型克服截面数据可能带来的样本选择偏误和内生性问题,比较并评估互助资金与扶贫贴息贷款的减贫效果。

1.6.2 不足之处

由于数据可获性和研究能力的限制,本研究存在以下不足,将在今后的研究中进一步完善。

(1)由于缺乏足够的时间和经费,有些数据难以获得,研究不够深入。本书以较为成熟的金融反贫困理论作为研究的理论基础分析互助资金的减贫机制,尽管研究中对互助资金内外部的管理机制做了一定的分析,但由于研究条件的限制,研究依然不够深入。对制约互助资金减贫效果的一些考虑,有待后续的跟进和更加深入的分析。尤其是,互助资金参与主体(贫困农户、村委会、金融机构等)之间的目标函数也不一样,本书尚没有基于这些不同主体之间的博弈分析纳入进来,如果今后有足够的时间和经费，可以深入这部分的研究。

由于互助资金的产生时间较短，希望通过时间维度分析互助资金的动态减贫效果的想法有待进一步完善。已有的研究较少从时间维度去分析互助资金的动态减贫效果，本书利用时间序列，运用 VAR 脉冲响应分析互助资金和扶贫贴息贷款滞后一期的效果，同时运用面板 VAR 脉冲响应分析，剔除互助资金和扶贫贴息贷款的政策重合期效应，试图更加丰富地评估互助资金的减贫效果，但是由于数据局限，后期还需进一步深入追踪。

（2）研究样本存在局限性。囿于数据的可获性，本书仅以宁夏为例进行微观调研，目前的样本仅能覆盖宁夏 655 个农户，而宏观样本只有宁夏地区的省级互助资金运行数据，尽管在选样时也考虑到样本的随机性和代表性问题（如采用了 PPS 抽样方法），但是样本总量仍有所不足，且抽样过程中依然可能存在一定的系统误差，一些不可控因素也会影响抽样的精度。此外，本书力求采用科学的研究方法以克服样本存在的局限性，包括采用 Heckman 两阶段方法克服样本选择偏误以研究农户参与使用互助资金的影响因素；运用 PSM 克服截面数据样本自选择可能带来的内生性问题以研究互助资金对投资和收入的影响。但是从最终结果上看，目前的研究结果依然不可避免地存在一些可能的偏误，所得到的研究结论对宁夏地区金融扶贫的指导意义较大，但想要进一步推广至全国其他地区，现有的研究样本可能还不充分。这也有待后续的跟踪调查和扩大调研范围，以期获得全国互助资金的相关数据及其他省份农户微观调查数据，进一步完善本书研究。

第 2 章

理论基础与文献综述

本章分为两个部分，第一部分对贫困相关理论以及金融发展与减贫理论进行简要介绍；第二部分对已有互助资金、扶贫贴息贷款、信贷约束和金融减贫相关研究进行整理和评述。

2.1 理论基础

为了研究金融扶贫的减贫机制和效果，首先，从资本匮乏的角度阐述贫困产生的原因；其次，引用已有的金融抑制、金融深化和金融约束理论，为更好地处理贫困地区金融市场化与政府干预金融的关系提供依据；最后，利用合作金融金和金融减贫理论，为研究互助资金和扶贫贴息贷款为什么能减贫以及减贫效果大小做理论铺垫。

2.1.1 贫困成因理论

对贫困原因的解释有很多。例如，由于老弱病残等原因导致的不可逆转的贫困，造成收入不足以满足最低生活需要，主要的社会救助方式是为贫困人群提供必要的生活费用、物质等救济式扶贫。这不是本书关注的重点。本书主要关注的是有发展能力和发展愿望但缺少发展机会的贫困。主要从资本视角分析贫困的原因。资本匮乏论是解释该种贫困产生原因的比较成熟的理论。资本匮乏论的典型代表理论包括罗格纳·纳克斯（Ragnar Nurkse）的"贫困恶性循环"理论、理查德·R. 纳尔逊（Richard R. Nelson）的"低水平均衡陷阱"理论、哈维·莱宾斯坦（Harvey Leeiben-

stein）的"临界最小努力"理论和冈纳·缪尔达尔（Gunnar Myrdal）的
"循环累积因果关系"等，它们的共同特点是从供给和需求两方面进行分
析，认为资本缺乏是发展中国家贫困的原因。

2.1.1.1 纳克斯的"贫困恶性循环"理论

1953 年，美国学者罗格纳·纳克斯提出"贫困恶性循环"理论。该
理论认为，资本不足是发展中国家经济一直陷于"恶性贫困循环"之中的
重要原因，走出贫困深渊的必由之路是增加储蓄和扩大投资，促进资本形
成。从供给方面看，收入水平低是发展中国家的主要特征之一，收入水平
低导致储蓄水平低，而储蓄水平低又会进一步造成低资本形成，低资本形
成的弊端是劳动生产率低，而过低的生产率又导致产出低和收入水平低，
这些问题的往复循环最终形成恶性贫困循环；从需求方面看，发展中国家
人民的低收入导致购买力下降，引发消费需求不足，进而影响投资需求，
造成低资本的形成。低资本意味着生产率低，而过低的生产率又导致产出
低和收入水平低，如此产生不良的循环。这两种恶性循环使发展中国家一
步步地陷入了贫困的深渊。

2.1.1.2 纳尔逊的"低水平均衡陷阱"理论

1956 年，美国学者理查德·R. 纳尔逊指出发展中国家人口增长速度
超过经济增长速度，人均收入水平低，基本处于维持生命最低限度的低水
平均衡。只有使投资和产出的增长速度超过人口的增长速度才有可能逃离
贫困陷阱。但是资本稀缺，人口多，人均资本存量少是发展中国家无法解
决的重大问题，因而只能处于"低水平均衡陷阱"之中。该理论认为，摆
脱"低水平均衡陷阱"的关键在于人均资本的形成。

2.1.1.3 莱宾斯坦的"临界最小努力"理论

1957 年，美国经济学家哈维·莱宾斯坦在上述两个理论的基础上，进
一步寻找发展中国家贫困的原因，希望能找到解决贫困的途径。他在《经
济落后与增长》一书中提出了"临界最小努力"理论，认为由于存在
"贫困陷阱"，发展中国家经济处于低收入水平的循环中，低收入水平使资
本形成规模难以超越经济发展所需的最低临界，因而无法走出低水平的均
衡。发展中国家应致力于发展经济，提高人均收入水平，使其高于最小临
界规模，从而保证充足的投资率，才能克服"贫困恶性循环"和"低水

平均衡陷阱"。在初始发展阶段，贫困农户只有通过获得投资才能实现提高收入，进而摆脱贫困。

2.1.1.4 缪尔达尔的"循环累积因果关系"理论

1957 年，世界著名的贫困问题研究专家冈纳·缪尔达尔提出经济中存在"回波效应"。一个地区经济发展会引起其他地区经济的衰落，因为劳动力、资本和技术会源源不断地从落后地区流向经济发展地区。由于充沛的生产要素，发达地区的经济水平持续发展；相反地，落后地区的经济状况则更加落后，形成下降式的循环积累过程。在经济欠发达国家，资本稀缺，人均收入水平低，导致生活消费水平低，营养不良，健康水平低，缺乏足够的教育水平无法提高人力资本。劳动力素质低导致劳动生产率低下，经济增长速度缓慢甚至停滞，引起低产出，产出低又进一步导致收入低，收入低又进一步强化经济贫困。

四个经典贫困理论均从宏观角度分析了发展中国家的经济由于资本稀缺，而引发了经济发展水平低、科技不发达、人力资本匮乏和人均资本存量低等一系列问题，进而处于"贫困陷阱"阶段，并且指出脱离"贫困陷阱"阶段的关键因素是提高资本投入。这些理论为本书分析贫困地区和贫困农户如何实现减贫提供了理论支撑。

农户是一个有生产功能的微型企业，村级互助资金在经营中的贡献是通过为家庭农户提供农业生产投入而实现。由于缺乏资金，农户的生产缺乏必要的投资和投入，根据"恶性贫困循环"理论，农户在缺乏生产资金时容易造成"低收入—低资本形成—低收入"的恶性循环，互助资金通过为贫困农户提供进入信贷市场的平等机会，为农户提供生产性发展资金，实现信贷要素与农户的初始禀赋相互配合，决定贷款用途，进而影响农户收入。当贫困农户没有收入来源时，利用信贷要素先购买所需资源禀赋，然后与其他要素结合可以扩大收入来源和赚得收入，互助资金是通过对最初拥有的资源适当再分配来影响农户收入的。

2.1.2 金融抑制与金融深化理论

金融抑制与金融深化是金融发展中两个重要理论，历来为学术界争论的焦点。

2.1.2.1 金融抑制

1973 年罗纳德·I. 麦金农（Ronald I. Mckinnon）在《经济发展中的货币与资本》中率先提出了发展中国家存在的"金融抑制"（financial repression）的现象。大多数发展中国家的金融体制和经济发展之间表现出来的是相互制约的关系。金融体制落后和效率低下，阻碍了经济的发展；经济的呆滞又限制了资金的积累，制约了金融的发展，从而形成相互"促进"的恶性循环式的金融抑制。

制度的缺陷和政府政策上的失误使发展中国家对经济活动的各个领域都做了过多的行政干预。金融领域的干预主要表现为金融当局硬性规定存款和放款利率的上限，使利率不能正确反映资金的供求状况和发展中国家的资金短缺现象，同时不能有效地控制通货膨胀，以致实际利率（即名义利率减去通货膨胀率）为负数。

金融抑制的结果是政府有可能积累财政赤字，加剧通货膨胀，进一步采取金融抑制的办法，从而形成"金融抑制—经济停滞"的恶性循环。由此，麦金农和肖得出结论：要使经济得到发展，就必须使金融得到发展。要发挥金融对经济增长的作用，必须摒弃"金融抑制"政策，推行"金融深化"政策。

2.1.2.2 金融深化

金融深化理论是在金融抑制的基础之上提出来的。金融深化（financial deepening）主要表现在：金融规模的不断扩大，金融工具、金融机构的不断优化，金融市场机制和秩序的逐步健全。金融深化论主张，政府应放弃对金融的过分干预和管制，取消对利率和汇率的人为压制，使利率和汇率能真实反映资金和外汇的实际供求状况，并充分发挥其调节经济的应有功能。从而，一方面以合理的理论吸收较多的储蓄资金；另一方面在适当的利率水平上满足经济各部门的资金需求，最终达到推动经济与金融同时发展的目的。

2.1.2.3 农村金融抑制与金融深化

金融抑制程度一般与经济市场化程度以及经济现代化程度负相关，农村地区和农业部门在一个发展中国家中属于落后地区和落后部门，经济的市场化程度和现代化程度处于社会最底层，因此发展中国家的农村地区是金融抑制最为严重的地方。金融抑制是影响农村经济发展的重要因素之一，因此通过金融深化来解除农村地区尤其是贫困农民所受到的金融抑制，对于促进农村地区的经济增长和提高农民生活水平具有重要的作用。

金融抑制使农村地区资金供给缺乏，资金分配无效率，经济不能"起飞"，再度贫困落后；同时正是由于经济的贫困，没有更多的收入来形成储蓄，在没有外部资本流入的情况下，进入深一层的金融抑制，形成恶性循环的怪圈。因此金融抑制既是农村贫穷落后的原因，也是农村贫穷落后的后果，要突破农村地区的金融抑制改变贫穷落后的局面，必须把农村金融深化和对农村地区的扶贫开发紧密结合起来，通过对农村金融市场资金的注入和资金供给方式的改变，对农村金融市场的深度和广度进行拓展，运用金融手段为贫困的农村地区创造经济稳定快速增长的条件。

农业作为农村的主要产业，农业发展直接关系到整个农村经济的发展。在农村金融深化的过程中，在培育农村金融市场的同时，政府必须认识到农业本身的弱质性、低利性和外部性，需要国家通过农业政策金融对农业信贷市场进行干预，为农业发展提供充足的信贷资金（董晓林，2012）。

2.1.3 金融约束理论

基于对金融自由化理论的批评和反思，20世纪90年代以来，以莱文（Levin）、赫尔曼（Hermann）、斯蒂格利茨（Stiglitz）、默多克（Murdoch）等为代表的新凯恩斯（Keynes）主义经济学家已不再满足于对麦金农和肖（Shaw）的金融发展理论框架进行修修补补，他们认为金融抑制和金融深化模型存在诸多的缺陷和局限性，由此而提出的政策主张过于理想化。根据内生增长理论的最新成果，他们对金融理论进行了进一步地发展，通过将内生增长和内生金融中介纳入金融发展理论分析框架之中，来分析金融中介、金融市场的形成以及金融发展与经济增长之间的关系。发展中国家的经济或转型经济不适合进行金融自由化，金融约束才是适宜的政策选择。由此，他们提出了一个替代金融深化理论的金融约束理论。

金融约束论者却从金融市场上存在信息不对称、外部性、公共产品和垄断等因素，认为市场有时是失灵的，很难用"看不见的手"实现"帕累托（Pareto）最优"效果，政府对金融的干预是保持金融稳定发展，促进经济、社会发展的合理选择。政策金融作为一种制度安排，是金融发展过程中的正常现象。金融约束是政府通过一系列金融政策在民间部门创造租金机会，以达到既防止金融压抑的危害又能促使银行主动规避风险的目的。金融政策包括对存贷款利率的控制、市场准入的限制，甚至对直接竞争加以管制，以影响资金在生产部门和金融部门之间的分配，并通过租金机会的创造，调动金融企业、生产企业和居民等各个部门的生产、投资和储蓄的积极性。政府在此可以发挥积极作用，采取一定的政策为银行体系创造条件鼓励其积极开拓新的市场进行储蓄动员，从而促进金融深化。金融约束论的核心思想是政府的适当干预是必要的。

2.1.4　合作金融理论

合作金融包括所有以金融资产形式参与合作并专门从事规定范围的金融活动。通常而言，合作金融有广义和狭义之分。广义的合作金融是指具有合作经济性质的、符合国际通行原则的、所有类型的合作金融组织、成分的统称。既包含了不以营利为目的的农村和城市信用社等各类基金组织，也包含了以营利为目的的各种民间互助组织。而狭义的合作金融所包含的内容则相对较少，实践中主要以农村和城市信用社为主，此类合作组织通常不以营利为目的，具有较强的金融普惠的属性。

2.1.4.1　合作金融产生的原因

索尼奇·森（Sonnich Sen, 1980）认为，合作金融是由多数人按照自愿的原则把自己的储蓄集中起来进行使用，不以营利为目的，并把盈余平均分配给参与者的一种金融组织。综观西方国家合作金融组织的发展历程，合作金融组织产生的真正原因一方面源于单纯的融资需求，另一方面为了降低一些中小经济个体的交易成本。所以，合作金融的主要目标不是为了获取利润，而是使其成员的收益最大化。成员的收益不仅仅限于金融上的收获，还包括其他社会性的收益（如成员的金融教育等）。市场导向的商业性金融和政府主导的政策性金融都无法完全解决贫困地区农户的信贷约束，合作金融从理论上可以弥补商业金融和政策金融的缺陷。因而，互助资金与扶贫贴息贷款减贫机制的主要差异之一在于互助资金利用了合作金融的制度优势。

2.1.4.2　合作金融具有以下本质特征

（1）合作金融基本首要特征是合作性。合作性特性使合作金融能够区别于商业金融体系、政策性金融体系，形成自己相对独立的合作金融体系。合作金融的产生实际是源于合作群体对于合作性的需求。商品经济的快速发展必然导致社会人群经济地位的高低差别，处于弱势的中下层人群很难从大型商业金融机构获得金融服务，要么被直接拒绝，要么被附加非常苛刻的条件。上述状况促使了合作金融的产生，处于弱势的人群以合作的形式成立了服务自身的金融机构，以此来解决自身的金融需求。因此，合作性是合作金融产生和存续的基础，是最基本和首要的特征。

（2）人格信用对合作金融至关重要。合作金融是经济上弱者的合作，主要是解决资金缺乏问题。合作金融机构需要存续、需要发展，就必须保证社员借贷能够按时归还。在合作原则下，人格信用在贷款偿还约束方面发挥着决定性作用。只有那些诚实勤劳、忠实重诺的人才能加入合作金融中，才能促进合作金融健康有序的发展。日常经营中，合作金融机构也要采取互帮互助、互信互利的方式，严格遵循信用原则，向社员提供金融服务。同时，合作金融机构还需要重视宣传和培训，提高社员人格信用。

（3）合作金融强调社员间互利性，不以追求机构利润最大化为目的。合作金融是社员以合作形式来解决自身资金短缺问题的一种有益尝试，其目的在于实现社员之间的互助互利合作，不是为了整个合作金融机构赚取最多的利润。合作金融机构资金来源于社员，资金投向也主要指向社员，主要是利用社员资金在时间上的调剂来满足社员的金融需求。因此，合作金融不是从社员身上谋利，而是为社员提供服务。

实际上，合作金融机构不以自身利润最大化为目标的特点也是其与商业金融体系相区别的一个重要特征。评价合作金融机构的优劣，不是以实现利润多少为依据，而是应以对社员服务质量好坏来下结论。当然，合作金融不追求利润最大化，并不是指就不需要考虑成本和收益，合作金融机构还是需要压缩成本，保持必要利润，以维持整个机构的健康持续发展。

（4）合作金融的合作强调"以人为本"。"以人为本"是指合作金融的合作是人的结合，是人和人之间的合作。表现在单一合作金融机构，就是社员个人之间的合作；表现在合作金融联合组织中，就是单个合作金融机构背后的社员之间合作。人的结合在合作金融机构中至关重要，这区别于股份制企业的"以资本为本"。合作金融的"以人为本"表现在"一人一票"原则，一般情况下，社员无论出资多少，都只有一票投票权。这实际上保证了合作金融为弱势群体服务的特征，合作金融内部不能有一个垄断性的资本出现造成"一股独大"，这样就破坏了合作原则（徐虹，2013）。

2.1.5 金融减贫理论

金融减贫是反贫困政策框架中的模式之一。宏观视角是以金融发展来减少贫困，微观视角则是以小额贷款等方式提供信贷支持，为贫困人群提供信贷资源。

2.1.5.1 金融发展有利于摆脱贫困

金融服务有利于缓解贫困地区农户家庭所受的正规信贷约束，促进投资、提高投资收益。所以，在扶贫实践过程中，金融资源有着不可或缺的积极作用。

借鉴经典的 G－J 模型（Greenwood and Jovanovic，1990），假设金融市场存在两个不同财富水平的"门槛" k_1 和 k_2。初始财富水平大于 k_2 的经济主体较易获得金融中介服务，为了获得较高的投资收益率而进入金融市场，所以其储蓄率较低；相反，初始财富低于 k_2 但又高于 k_1 的经济主体，由于暂时无法获得金融中介服务，其投资收益率相对较低。但可预期的是，他们会通过持续增加自身储蓄率以求在未来能够获得金融中介服务；当一个经济主体的初始财富小于 k_1 时，在较长的时期内可能都完全无法获得金融中介服务，由于缺乏外部的帮助，其投资收益率低，收入水平低，储蓄率也低，财富积累速度也远远低于其他两类人。

由于金融市场的门槛问题，穷人被排斥在金融市场之外；而富人通过享受金融服务获得了更多的收益。初始财富水平的不同，导致穷人和富人投资收益不同，且收入的差距随着时间的推移反复循环被逐步加大。在不存在外部干预的情况下，要提高穷人的收入水平并缩小穷人和富人之间的差异，将会是一个极其漫长的过程；而通过外部干预可以使部分弱势群体提前达到进入金融市场的"门槛"。多个学者专门研究金融服务可得性对贫困人口的影响，不仅提高了最贫穷的 1/5 人口的平均收入，而且加快消除贫困人口的速度（Caskey et al.，2006；Beck et al.，2007；Dupas and Robinson，2009）。

扶贫贴息贷款和互助资金这两种信贷扶贫在理论上也应该可以达到上述效果。它们作为政府政策引导和财政支持下的强外部干预措施，能够促使贫困人群尽快积累一部分必要初始资金，帮助其越过上文假设的财富"门槛"水平 k_1，从事较高投资收益的生产，形成资金使用和家庭发展的良性循环，最终达到更高的财富"门槛"水平 k_2，在实现这部分人群的金融包容性的同时，助其摆脱贫困。

2.1.5.2 小额信贷机制缓解信息不对称

信息不对称是指借贷双方拥有不同等的信息，进而产生逆向选择与道德风险。逆向选择是指贷款方在借贷前不能精确识别低风险和高风险的借款人，只能收取相同的利率。这就造成低风险借款者在面对高利率水平时，会放弃借款，选择退出信贷市场；而高风险的借款者面对低利率水平，则会留在信贷市场；进而使贷款方面对的都是高风险的客户。道德风险可分为事前道德风险和事后道德风险两种。事前道德风险是指发放贷款后至项目回报前这一期间，贷款方无法阻止借款方进行高风险的经营活动，从而可能给贷款方造成经济损失；事后道德风险是指项目完成后，贷款方不了解贷款项目的最终收益，而借款方又故意隐瞒项目的回报，故意违约或携款潜逃，使贷款方遭受重大经济损失。

由借款方提供一定价值的抵押品是克服信息不对称的常用方式。但是，对于贫困家庭而言，他们通常不具有等值的可抵押财产且无信用记录，因而无法直接获取贷款。在这种情形下，小额信贷应运而生。面向贫困人口提供初始资本是小额信贷的最重要功能之一，也是小额信贷反贫困的直接作用机制。小额信贷除了规定借款期限和借款金额外，主要通过联保贷款机制和动态激励机制设置，能够在一定程度上克服借贷双方的信息不对称，并通过降低交易风险和成本，进而提高信贷市场的效率。

（1）联保贷款是对那些没有抵押品的个人进行的一种制度安排，是格莱珉银行最早运用的模式，该模式的独特之处在于贷款是单独发放给小组中的个人，但是如果小组成员中有一个出现还款困难，小组全部成员均需承担违约的连带责任。联保贷款模式本质上是一种替代抵押品的创新方式，在一定程度上可以弱化逆向选择和道德风险。通过小组成员联合申请贷款并共同承担偿还责任来防止逆向选择。由于小组成员之间需要负有连带责任，所以每一个成员都希望低风险成员加入，这样既能够降低为别人承担连带责任的概率又有可能将自己投资失败后的还款义务暂时转嫁给他们。所以，他们会根据自己所掌握的私人信息，吸收低风险的贷款者为自己的同伴，排斥高风险同伴，这种甄别会大大减少违约风险，提高还款率。

（2）动态激励机制。即使没有同伴监督、抵押，小额信贷仍可以通过停止贷款的威胁、增加贷款金额和提高未来贷款机会作为激励来减少违约。默多克等人利用数理模型详细讨论了在动态激励机制下的担保要求更为灵活，比连带责任下的联保贷款的担保方式更为简洁。在人口流动较小且相对封闭的地区，动态激励机制的效果更加显著。互助资金机制设置中也运用这种机制，因为互助资金是在一个行政村内运行，人员相对固定，使用这种动态激励机制，把将来的贷款机会和现在的还款情况捆绑起来，大幅提高现在的还款率。

2.2　文　献　综　述

本节分别从互助资金、扶贫贴息贷款、信贷约束和金融减贫四个方面对相关文献进行了梳理。

2.2.1　村级互助资金的相关研究

随着全国扶贫开发进入攻坚时期，作为一种典型的金融扶贫创新模式，村级互助资金已成为中国贫困地区覆盖面和影响最大的扶贫型资金互助组织。互助资金产生的时间虽然较短，但是是国内学术界和政府相关部门关注的热点。整体来看，关于互助资金的研究重点经历了从阐释其存在的价值与意义到评估互助资金扶贫瞄准的转向。当前有关互助资金研究主要集中在其产生的理论基础、运行机制、运行效果评价以及可能存在的问题等几个方面（程恩江，2010；汪三贵等，2011；刘西川，2012；林万龙和杨丛丛，2012；杨龙和张伟宾，2015；张林和冉光和，2016）。

2.2.1.1　村级互助资金产生的理论基础研究

曹洪民（2007）认为，政府设置扶贫互助资金项目的初衷是解决开发式扶贫中的两个重大问题，提高政府扶贫的效果。一是通过政府外部资金的引导，引入市场机制，让农户自己选择合适的产业；二是农户自己入股，并通过合作互助，提高横向的联合，加大农户在政府开发式扶贫活动中的参与度。郁方等（2007）从研究合作金融视角研究了信用合作在农村发展的重要作用。认为弱势群体难以获得正规商业贷款，因此大多数弱势群体选择参与信用合作。信用合作社有着明显的扶弱性质，其资金来源具有互助性和利益捆绑的特点，因而在运行过程中比政策性金融更有效地克服信息不对称的金融难题。陆汉文和钟玲（2008）研究表明，在贫困治理中需要构建多元化主体模式来实现反贫困，提高反贫困效果。多元化的模式能通过政府、社会和市场三方机制来整合政府资源、社会资源和市场资源，把一切可用资源整合到反贫困中，这样能有效提高政府反贫困的效率及解决政府财政投入不足问题。

2.2.1.2　村级互助资金的减贫机理和运行机制

互助资金借用小额信贷的原则，实施贷款金额和期限限制、动态激励机制和小组联保等措施（程恩江，2010）。它扎根于农村地区的本土金融力量，以社区内的社会关系网络和人们之间的信任为运转基础，因而不同于一般意义上的小额信贷。它更贴近农户的内在需求，适合中国人的人际信任关系，在信息、交易成本和担保等方面具有独特的优势（Biggart，2001）。

2.2.1.3　村级互助资金的减贫效果及其存在的问题

互助资金减贫效果主要从互助资金贫困目标瞄准及其对农户收入的影响展开。在目标瞄准方面，争议很大，主要存在两种截然相反的观点。一种观点认为，扶贫互助资金可以更好地瞄准农村和瞄准贫困人口（吴忠等，2008；汪三贵等，2011；张伟宾，2013），通过整合和滚动使用农村闲散资金，加强财政扶贫资金的扶贫效果（郭晓鸣，2009）。高扬（2014）研究表明，与扶贫贴贷款不同，"村级发展互助资金"直接建立在贫困村中，借款对象仅限于本村入股村民，专门解决农户的资金缺乏问题，直接瞄准了农户。并且与投资于农村基础设施建设的资金相比，"村级发展互助资金"对农民的支持更直接，提高了扶贫资金使用效率，更有利于推动农民增收致富。另一种观点则认为，越贫困的农户越难得到扶贫互助资金的贷款，扶贫互助资金未能完全瞄准贫困农户。当然其中部分原因是贫困农户没有借款需求，贫困农户的发展问题不能仅仅依靠提供扶贫小额贷款来解决（林万龙和杨丛丛，2012）。汪三贵等（2011）运用 Logit 模型和 Tobit 模型，分析四川和河南 480 户参与和使用互助资金的影响因素，认为目标瞄准有待进一步改善。刘西川（2012）以四川省小金县四个样本村为案例，把农户分成五等分后，把低收入组和中等偏下收入组视为贫困群体。通过描述性统计方法分析认为，从贫困群体获得互助资金的比例很低，缺乏生产性贷款需求是互助资金未能瞄准当地贫困群体的主要原因之一。刘西川等（2013）在覆盖贫困方面的研究表明，由于贫困群体参与程度相对较低，覆盖贫困效果还有待进一步提高。在其他减贫效果方面，曹洪民（2007）对昆山村扶贫资金互助社的研究显示，该互助社通过几年的发展，发放贷款总计达到 35 万元，共有 137 户贫困农户从中受益，借助互助资金贷款发展生产提高了其收入水平。因此他认为，与其他财政扶贫资金的使用方式进行比较，扶贫资金互助社的对财政资金的使用效率是显而易见的。大部分研究结果均表明，互助组织创新了农村金融制度，是对贫困地区的农村金融供给的有益补充，在一定程度上缓解了贫困农户生产发展资金短缺的现状，使贫困农户能够合理利用各类生产要素，尽可能地提高其家庭收入水平，改善生活状况，实现减贫的效果（郭晓鸣，2009；程恩江，2010；汪三贵等，2011；杨龙和张伟宾，2015）。同时，部分学者认为互助资金不能完全解决现有农村贫困问题。因为互助资金制度设置问题，如规定借款金额不得超过规定的金额，期限不能超过规定的期限，还要求分期还款，过于谨慎的制度设计会使贫困人口的收入增长有限，使穷人无法利用有一定风险但收益比较高的发展机会，也无法通过借贷方式实现适度规模经济。互助资金可以解决温饱，但解决不了贫困地区的长期发展问题（刘西川，2012；林万龙和杨丛丛，2012；张林和冉光和，2016）。

2.2.2 扶贫贴息贷款的相关研究

大部分国外学者的研究结论都反对向国有银行提供信贷补贴。20 世纪七八十年代，俄亥俄州立大学的"农村金融项目"对政府主导的补贴项目进行了抨击。认为补贴使银行制造垄断，穷人不仅无法从银行获得贷款，反而会排挤非正规信贷的供给者。阿芒达利兹和默多克（Armendáriz and Morduch，2010）的研究表明，给国有大银行提供信贷补贴是失败的。他们以印度农村综合发展计划（IRDP）作为一个经典的无效率补贴的案例来阐明这一观点。IRDP 项目通过行政手段分配信贷，要求 30% 的信贷分配给被社会排斥的穷人，30% 给家庭妇女。在 1979~1989 年，IRDP 快速发展，补贴累计 60 亿美元，但是没有产生良好的效果。根据普利（Pulley，1989）研究，IRDP 偿债率低到 60% 以下，只有 11% 的借款人在第一次借款后又拿到第二次借款。到 2000 年，IRDP 的贷款回收率降到

31%。最终 IRDP 项目没有达到政策初衷，未能实现减贫目标。

国内也有学者对扶贫贴息贷款进行了研究。由于数据来源和分析方法上的差异，得出的结果不尽相同（刘冬梅，2001；朱乾宇，2004；汪三贵等，2004；帅传敏等，2016）。有研究认为，扶贫贴息贷款在实践中具有显著的减贫效果。蔡昉等（2001）通过分析认为，国家财政扶贫资金、扶贫信贷资金和"以工代赈"三项开发式扶贫资金政策大大减少了贫困人口。但是在财政投入的力量越来越多的情况下，减贫难度却越来越大，贫困人口下降的速度越来越慢。朱乾宇（2004）对 2000 年以前扶贫资金的减贫效果进行了研究，发现扶贫资金对农户收入增长具有一定促进作用，而且信贷扶贫在三项开发式扶贫中的效果最好。

也有研究持相反的观点，认为扶贫贴息贷款在实践中没有明显的减贫效果。政府主导的扶贫贴息贷款被认为具有瞄准精度低和拖欠率高等短板（吴国宝，2001）。陈凡和杨越（2003）以新增长理论为指导，运用 Kmenta 模型对 235 个国家扶贫开发重点县的横截面数据进行回归分析，发现人均财政发展资金、信贷资金和"以工代赈"资金等对当地人均 GDP 的增长有负面影响。罗泽尔等（Rozelle et al.，2000）通过对四川和陕西两省的统计数据分析，认为经济增长是中国绝大部分农村贫困缓解的原因，而扶贫政策几乎没有效果。范等（Fan et al.，2002）针对当前多种扶贫措施的比较研究发现，在众多的财政支农投入中，扶贫贷款是众多的财政投入中扶贫效果最小的一种方式。目标瞄准效率低和不良的资金使用是政府项目减贫效果差的根本原因。曹洪民等（2008）通过计量模型比较分析了信贷扶贫资金、"以工代赈"扶贫资金和财政扶贫资金扶贫效果。分析发现，投放到工业项目的扶贫贴息贷款效果很差，而将资金投放到种植业则对农户减贫有着良好的促进作用。李小云等（2005）则认为贴息扶贫贷款贫困目标严重偏离，基本没有起到缓解贫困作用。李实和罗楚亮（2007）用县人均三项扶贫资金投入来评价政府扶贫资金的使用效果，结果发现任何变量都没有得到所期待的系数和显著性水平，未能验证扶贫资金对农村贫困有明显的缓解作用。相似的是，基于 1986~2005 年政府扶贫资金投入数据，对扶贫资金投入与农村贫困指标之间联系的实证检验结果显示，两者之间同样不具有显著的 Granger 因果关系（张全红，2010）。叶初升和张凤华（2011）利用 1990~2008 年的政府农村扶贫开发资金数据和选取农村人均纯收入、贫困指数和基尼系数等变量，运用结构向量自回归（SVAR）模型研究政府支出减贫效果。研究结果表明，大部分的扶贫信贷资金发放给对提高政府财政收入有利的乡镇企业或县办企业，而没有给贫困农户带来多少利益。总体来看，学者们对政府扶贫资金的投入效果有质疑。程恩江（2010）认为虽然扶贫贴息贷款是一项重要的扶贫工作，但认为其不仅难以到达贫困户，而且难以持续。张伟和胡霞（2011）也认为扶贫贴息贷款在瞄准性和回收率方面存在低效率运行的弊端，补贴方式会造成社会福利的降低，对提升金融市场发展和金融普惠程度没有效果，应进一步探索和改善这种状况。

2.2.3　信贷约束与信贷配给的研究

信贷约束与信贷配给一直是各国学术界和政策界关注的重点问题。罗伯特·鲁萨（Robert Roosa）在 1951 年《利率与中央银行》中首次提出信贷可得性理论（credit availability doctrine），认为利率变动不仅影响借款需求者，还会影响贷款供给者。当贷款供给者的利率供给弹性高于借款者的利率需求弹性，就决定了借款者的信贷可得性水平。随后，斯蒂格利茨和韦斯（Stiglitz and Weiss，1981）对不完全信息市场中的信贷配给的研究标志着信贷配给理论的成熟和完善，其核心观点是信息不对称和逆向选择效应的存在使得信贷配给成为市场的一种长期均衡状态。他们提出的 S - W 模型认为，在信贷市场中，由于借贷双方信息不对称，银行只能甄别贷款人的总体还款率情况，但是无法详细区分每个贷款人的还款率。银行如果简单地提高利率将会通过逆向选择效应和利率激励效应，挤出风险低的客户而留下风险高的客户，从而改变贷款人的还款概率分布。提高利率将会因为还款率下降而不能增加银行的收益，因此银行的最佳决策是实行信贷配给而不是提高利率。

从供给和需求理论来看，金融活动必须满足需求者有借款需要、还款意愿和能力，且供给者有借出愿望等几个条件。只有在贫困群体有资金需要的前提下，研究贫困群体是否受信贷约束及信贷约束的程度才有意义。部分学者认为发展中国家的农户有可能缺乏正规信贷需求，所以正规信贷的可获性低，得到正规贷款概率小（Kochar，1997）。但是，也有部分研究者认为发展中国家农村贫困地区农户受到正规信贷约束的现象相当普遍（Stiglitz and Weiss，1981；Braverman and Guasch，1986；Carter，1988）。

2.2.4 金融减贫的相关研究

发展经济学认为，为了促进发展中国家的贫困削减和经济发展，建立并发展有效运转的、向贫困群体提供信贷资金的金融系统是至关重要的。

2.2.4.1 金融发展对贫困减缓的影响：宏观视角

一般来看，通过经济增长、收入分配和服务渠道等途径，金融发展可以减少或减缓贫困的发生。

（1）国外学者在理论和实证方面的研究结果均表明，金融发展确实具有推动经济增长的作用（King and Levine，1993；Kunt and Levine，1999；Beck et al.，2000；Chinn and Ito，2006）。通过资本积累和技术革新，促进经济增长，缓解或降低贫困的发生（Dollar and Kraay，2000；Jalilian and Kirkpatrick，2002）。

（2）通过提高低收入阶层的收入和降低不平等分配，金融发展可以进一步缓解贫困的发生。金融中介在缓解贫困发生率和收入不平等方面具有显著的效果，良好的金融服务使贫困家庭获得了从事高回报行业的机会，缓和了贫困家庭的正规信用约束（Greenwood and Jovanovic，1990；Banerjee and Newman，1993；Galor and Zeira，1993；Beck et al.，2004）。多个学者专门研究金融服务可得性对贫困人口的影响，认为金融服务不仅提高了最贫穷的1/5人口的平均收入，并且加快了消除贫困人口的速度（Caskey et al.，2006；Beck et al.，2007；Dupas and Robinson，2009）。相反的观点认为，由于传统理论无视劳动者的自我雇用特点，所以经济增长不能缓解贫困问题。只有向贫困人群提供基本的金融服务，提高其自我发展能力，才有可能摆脱贫困。

2.2.4.2 小额信贷、微型金融与减缓贫困：机制与效果

小额信贷、微型金融和普惠金融理论的不断演变发展，使对贫困影响的相关研究也得到了不断地推进。小额信贷和微型金融是基础和核心，普惠金融研究是在前者基础上的进一步推进和发展。

（1）小额信贷减贫的机理研究。狭义的小额信贷是指在特定的区域内，向农户等低收入群体发放小额度的、可持续性的信用贷款的模式，与一般的扶贫贷款具有不同的性质。信息不对称和道德风险引发的市场失灵

（Stiglitz and Weiss，1981）以及正规金融机构对贫困人口实施信贷配给（Boucher et al.，2005），使欠发达国家和地区的低收入农户难以从正规金融机构的产品和服务中受惠。反贫困的成功经验表明，小额信贷是农村金融发展的一种重要形式（Morduch，1997；Ledgerwood，2000；Barr，2005），各国政府均将小额信贷作为新发展战略的基本组成部分（Lucarelli，2005）。小额信贷可以通过联保小组贷款来缓解信息不对称问题，并大大降低贷款人的代理成本（Banerjee et al.，1994；Chowdhury，2005；Hermes and Lensink，2007）。

（2）小额信贷在缓解贫困方面的效果争议。虽然小额融资已经成为最明显的反贫困政策之一（Banerjee and Duflo，2011），但是许多决策者和学者依然质疑其对贫困人口社会和经济状况的改善效应。

第一种观点认为，小额信贷对减少和缓解贫困有着显著的效果。源于国际扶贫协商小组的证据显示，金融服务和小额信贷有助于 UN（United Nations）千年发展目标的实现。汉得克（Khandker，2005）利用孟加拉农户和参与者的面板数据验证了小额信贷在参与者尤其是妇女参加者中有持续的减贫效果。今井（Imai et al.，2010）评估了小额信贷用于生产借款的减贫效果，选用模型考虑了内生二元处理效应和样本选择偏差，确认了小额信贷的生产性借款对多维福利指标有显著的正向作用。马加比（Mahjabeen，2008）采用一般均衡模型检验了小额信贷对收入和消费的影响，发现小额信贷提高农户的收入和消费，降低收入的不平等。

1976 年，穆罕默德·尤努斯（Muhammad Yunus）借给 42 个赤贫的村民 27 美元，帮助他们购买生产资料，免去借高利贷的利息，以提高收入，成为后来成立格莱珉小额信贷组织的最初理由。2006 年尤努斯获得诺贝尔和平奖，他坚信小额信贷是穷人也应拥有的权利，是消除世界性贫困的最有力的武器，在支持贫民脱贫致富方面取得了巨大的成就。汉得克（Khandker，2003）研究了农村金融发展与贫困减少的关系，认为小额信贷对农村经济增长具有推动作用。赖梅尼（Remenyi，2000）的研究结论是：得到信贷的家庭收入比没有得到信贷的家庭收入明显提高。汪三贵（2010）在关于贵州省草海的社区基金小额信贷项目的研究中发现，参与项目的农户的净收入、资产价值、人均粮食产量以及平均受教育年限都显著地高于没有参加项目的农户。

第二种观点认为，尽管小额信贷对减缓贫困有积极的作用，但是效果的大小存在明显的差异。在孟加拉国有很大的正向影响，而在泰国北部完全没有影响（Cull et al.，2009）。林万龙和杨丛丛（2012）认为小额信贷对于经济水平在贫困线或以上的客户的平均收入的影响大于贫困线以下的；对于非常贫困的客户，相对于他们的条件基本相似的对照组的农户，贷款的影响总体上还是正面的，不过这种影响力较小，有时甚至还是负面的，这表明了小额信贷在扶贫上所起的作用是有局限的，它通常只能作用于某一层次的贫困者。

第三种观点认为，小额信贷对减贫没有显著效果。20世纪60～80年代，大多数发展中国家都有针对农村贫困人口且附带利率补贴的信贷项目，但政策实施地区的贫困人口却变得更穷。小额信贷的瞄准性和持续性备受非议。一些研究认为亚洲一些国家的小额信贷没有瞄准最贫困的群体（Montgomery，2005），玻利维亚也存在同样的情况（Mosley，2001）。班纳吉等（Banerjee et al.，2009）对印度贫民窟中的微型机构小额贷款的计量分析发现，小额贷款对于人均月消费没有作用，仅促进了耐用消费，项目开始时就已做生意的家庭热衷更加积极投资于耐用品；对健康、教育及女性决策地位提高也没有作用。从短期来看，小额贷款的社会绩效不显著。贝特曼和常（Bateman and Chang，2012）研究发现，虽然微型金融能够对少数幸运的个体产生一些短期得积极效果，但是这些积极的结果在数量上非常有限，而且在社区和国家层面上被时间成本和机会成本所淹没。甚至认为微型金融实际上构成了巨大的制度和政治障碍，阻碍了减少贫穷以及经济和社会的可持续发展。此外，印度波斯尼亚和安得拉邦发生的灾难性的小额信贷危机更进一步引起人们对微型金融帮助低收入群体减贫的神圣使命产生怀疑。基于对河北省易县和河南省南召县借贷者的调查，孙若梅（2008）同样发现小额贷款的借贷者主要是项目所在地区的中等或中等收入以上的农户。黄祖辉等（2009）的研究认为，在同一地区内部，不同类型农户参与正规信贷的情况存在较大差异，其参与程度随家庭收入和财产的增加而增加，即收入中等或较低的农户参与农村正规贷款的程度较低。程恩江（2010）等的研究发现，农信社瞄准了最高收入的农户，而服务于贫困农户的主要是非正规金融。在中国的贫困地区，小额信贷项目一般而言没有能直接为贫困地区的贫困人群提供小额贷款，而是使农村的贷款服务从最高收入的农户扩展到了中等和中等收入以上的农户。小额信贷机构自动地瞄准了非农生产活动，因为农户的非农经营活动更可能产生现金收入，从而满足了小额信贷每周或每双周分期还款的要求。这都表明小额信贷在扶贫方面的效果是有限的，它并不能有效识别农户中的贫困人口并给予贷款帮助。

（3）微型金融减贫机制研究。古利（Gulli，1998）的研究表明，微型金融主要通过缓解贫困人口的信贷约束来减少贫困。首先，微型金融可以提高贫困人口的购买力，进而达到促进其投资的目的；其次，可以提高贫困人口从事经济活动的效率；再次，可以通过降低家庭的风险减免收入波动；最后，可以帮扶贫困人口构筑自身社会资本和提升生活质量。巴赫蒂亚里（Bakhtiari，2006）先后对孟加拉国的格莱珉银行、印度尼西亚的人民银行和泰国的农业合作银行等微型金融机构进行研究，认为微型金融可以帮助贫困人口平滑消费、管理风险和构筑社会资产，直接地提高其创收能力和改善生活质量；并通过改进资源配置、改善市场环境和促进新技术使用等间接途径来缓解其贫困状况。斯温和弗洛罗（Swain and Floro，2008）则发现微型金融可以通过提高贫困人口控制风险的能力来减少贫困。马瓦（Mawa，2008）认为，微型金融减少贫困的作用主要体现在，其一可以提高参与人的自信，使其敢于投资获利更多的经济活动，获得更加丰厚的回报；其二可以提升妇女在微型金融中的参与度，从而有利于减少社会贫困；其三可以促使参与人间的交流，最大效率的使用贷款。默多克（Morduch，2006）认为微型金融能够直接或间接地提高贫困人口的收入。

2.2.4.3　研究小额信贷减贫机制和效果的方法

从微观层面进行小额信贷的减贫机制和效果的研究，主要依靠农户数据与企业数据（Hulme and Mosley，1996；Mosley，2001；Khandker，2005；Imai et al.，2010），一般采取三种方法进行。第一，随机控制实验（Banerjee et al.，2009；Feigenberg et al.，2010；Karlan and Zinman，2010）；第二，穷人的金融日记和档案（Collins et al.，2009）；第三，选取合适的截面数据和面板数据，利用处理效应模型或倾向得分匹配的方法（Imai et al.，2010）。这些方法对数据的要求比较高，在一定的程度上克服传统方法无法克服的样本选择偏误和内生性等问题，能较好地分析减贫的效果。

2.2.5　文献评述

上文分别从互助资金、扶贫贴息贷款、信贷约束和金融减贫四个方面对相关文献进行了梳理。可以看出，信贷约束和金融减贫的相关研究可以为进一步的互助资金研究提供理论和实证分析借鉴。虽然学者们普遍认为研究信贷能否减贫是一个重要的科学问题，但是对互助资金和扶贫贴息贷款的扶贫效果评价，国内外学者并没有形成统一的定论，因而分析互助资金减贫机制和效应具有重要的理论价值和政策含义。此外，以往的研究很少涉及互助资金和扶贫贴息贷款的扶贫效果比较。虽然高扬和薛兴利（2013）对这两者的差异进行了比较研究，但是仅仅是从产权设计方面开展研究，没有使用经验证据证明。作为一种新型的合作金融组织，互助资金的研究起步较晚，已有研究大多肯定了互助资金的减贫效果，但是目前对其具体运行与减贫机制、边际作用大小尚未形成统一的观点。尽管有部分研究尝试从互助资金贫困目标瞄准与农户收入提高的关系切入剖析互助资金的减贫机制，但研究也缺乏充分的实证支持。

（1）村级互助资金减贫的理论研究需进一步加深，实践经验的总结有待加强。同时也需要寻找新的理论视角，如村级互助资金与扶贫贴息贷款在扶贫机制和效果方面的区别等。

（2）对于村级互助资金目标瞄准的研究结果争议很大。现有研究在结论上的矛盾很大程度上是由于使用的研究方法和样本数据的不同造成的，需要在研究中加入更科学的方法和更翔实的样本数据。

（3）已有大量的文章研究了扶贫资金的动态减贫效果，但是由于互助资金设立的时间仅有10年，所以目前缺乏针对互助资金的动态减贫效果的研究。本书尝试利用自治区区级时间序列和市级面板数据分析互助资金的动态减贫效果具有一定的现实意义。

（4）当前的研究中缺少互助资金对农户农业生产投资影响的具体的实证分析。从具体研究内容上看，尽管已有研究注意到了互助资金对农户农业生产的影响，但少有研究能够提供关于这方面的实证证据。在传统的农区，尤其是西部欠发达的贫困地区，互助资金设立的首要目的是缓解贫困户发展生产所需的资金短缺。随着经济发展，这一资金缺口越来越大，使信贷资金在农业发展中的作用愈加显著（Dercon et al.，2011）。基于此，深入剖析互助资金对农户生产投资的影响将有助于检验互助资金实际作用效果并为实践提供证据支撑。从已有研究方法上看，现有研究大多采用定性分析方法来评估互助资金的作用效果，而且多数研究关注的焦点也多集中于互助资金的早期发展上，缺乏更进一步地深入分析，因此提出的政策建议一定程度上存在局限性。基于此，结合全国金融扶贫的新形势，研究互助资金对农户家庭经济的影响显得尤为迫切，对当前乃至未来的扶贫政策制定有着重要的意义。

　　在当前精准扶贫和金融扶贫的政策背景下，本书以宁夏贫困地区的互助资金为研究对象，通过与扶贫贴息贷款的比较，结合合作金融制度优势及扶贫项目的经济学分析互助资金的减贫机制，进而使用统计年鉴数据和微观调研数据，实证检验互助资金的减贫效果，对前人已有的研究进行补充和完善。本章分为两个部分，第一部分对贫困相关理论以及金融发展与减贫理论进行简要介绍；第二部分对已有互助资金、扶贫贴息贷款、信贷约束和金融减贫相关研究进行整理和评述。

第 3 章

研究思路与分析框架

本章首先剖析了商业性金融和政策性金融无法有效解决贫困地区贫困农户信贷约束问题的可能原因；然后分析互助资金是如何利用合作金融的制度优势和小额信贷的产品设计瞄准贫困目标，实现覆盖更多贫困户的目的；最后分析互助资金促进贫困农户增加农业生产投资进而增加收入的机理。

3.1 贫困农户受到信贷约束可能的原因

正规农村金融体系主要包括合作性、商业性和政策性金融三大类型。按照市场化原则来解决农村金融尤其是贫困地区农村金融问题既是一个理想的途径，也是长期发展的目标。但是在发展初期，如果没有外部的干预，贫困地区贫困农户仅仅依靠自身的条件，是无法达到商业性金融供给的条件的。

3.1.1 资本边际回报分析

（1）除资本外一切都保持不变时，资本边际报酬规律是凹性生产函数（见图 3－1）。在凹性生产函数下，资本边际报酬递减规律告诉人们，穷人获得较高的资本边际报酬，富人获得较低的资本边际报酬，资本应该由富人流向穷人，银行应该更多地把钱借给穷人，穷人更容易从银行获得融资，但事实恰恰相反。

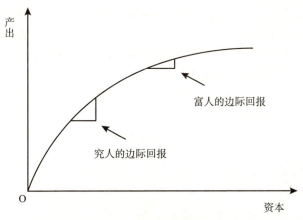

图 3 – 1　凹性生产函数下的资本边际回报

（2）现实中由于富人和穷人的教育水平、商业悟性、商业合同以及其他投入的可获性都是不同的，拥有较少资本的穷人比富人具有较低的边际回报（见图 3 – 2）。

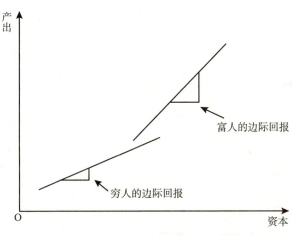

图 3 – 2　穷人和富人的资本边际回报

3.1.2　风险分析

由于信贷市场上的逆向选择和道德风险问题，银行要求客户提供足够的抵押品以降低自身风险。对于富人而言，银行知道其贷款能够被抵押品价值覆盖，因而能顺利地获得贷款；对穷人而言，穷人缺乏有价值的抵押品且面临多重风险压力，所以很难获得有效贷款。

莱申和思里夫特（Leyshon and Thrift，1994，1995）认为金融的趋利性使得金融市场在发展壮大中极力寻找风险低且收益高的市场。因而农村以及偏远地区的金融网点和机构被撤销，形成金融空白区；贫困弱势的群体会被自动排除，产生了金融排斥现象。金融排斥的对象主要是贫困弱势群体，贷款、保险和基金等是被排斥的集中领域。金融排斥普遍存在且边远落后地区的金融排斥尤为突出。贫困地区无法获得资金的注入，微弱群体没有融资机会，使得贫者越贫。恶性循环下去会造成区域发展失衡，阶层分化日趋严重，社会稳定性变差。

3.1.3 金融服务供给成本分析

商业银行给穷人提供金融服务的交易成本高。每一笔贷款都包含筛选借款人、监督贷款用途和执行还款条约等一系列成本。在金融服务的空白乡镇，交通不方便，人口密度低，穷人借款的规模小，处理许多小笔交易的成本远高于服务一个富人的一宗大笔交易。贫困地区的商业银行人均费用远远超过发达地区，能够提供的金融服务也日趋边缘化，贫困村大多数没有商业银行的分支网点或偶见农信社服务网点。对贫困地区农户而言，这就是为什么会出现商业性金融贷款"门槛"高、手续繁杂、抵押担保条件多、审批时间长，商业银行不愿给农户、特别是贫困农户提供金融服务的主要原因。

相对而言，互助资金运行成本就远远低于商业银行的金融服务成本。首先，资金成本低。互助资金的资金主要来源于财政投入和个人缴纳，政府财政投入是无偿拨付，滚动使用，不计利息；个人入社缴纳部分至今也不计利息。其次，管理成本低。互助资金的管理成本主要包括管理人员报酬，即管理人员的误工补助。与正规金融相比，管理人员的人工费用比正规金融机构的低。无须甄别借款户，借还款手续简单且耗时短。而且互助资金办公设施条件要求低，一般都设在村委会，除了额外的办公材料费用，无须专门租用办公地点，固定成本也较低。

3.2 扶贫贴息贷款的目标瞄准分析

政策性金融是相对于商业性金融而言的，"政策性"是其唯一属性，体现政府通过金融手段实现政府对经济社会发展干预的努力。扶贫贴息贷款是一种面向贫困地区的政策性金融服务，扶贫贴息贷款是政府干预信贷市场的政策之一，由商业银行发放。商业银行承担贷款本金，政府承担利息补贴。商业银行在发放贷款过程中出现目标偏移从而导致政策性金融失灵。

3.2.1　利率因素导致扶贫贴息贷款的目标偏移

扶贫贴息贷款实质上是政府扶贫部门强制要求商业银行对穷人实行优惠利率，即对穷人的贷款利率低于对富人的贷款利率。利率补贴一直被认为是扶贫贴息贷款扶贫特色的重要体现之一，尽管近 30 年来经历了多次实践模式改革，利率控制和补贴的制度设计却从未被动摇。然而，就是这样一个看似合理的制度安排，背后却隐含着本质的"悖论"。尽管多年来政府一直致力于完善信贷扶贫机制，贴息结算层次和贴息方式也有所改变，希望能提高到户贷款的比重和效益。但实际上，只要贴息制度存在，扶贫信贷资源就无法偏向贫困人口。第一，在扶贫贴息贷款利率管制条件下，当低的利率上限使得农村贷款机构无法补偿由于贷款给小农户而造成的高交易成本时，官方信贷的分配就会偏向于照顾大农户，这使得低息贷款的主要受益人不是农村的穷人。商业银行通过调节利率控制风险的作用有限，它们会通过增加贷给富人的资金份额来降低穷人贷款违约率、提高扶贫贴息贷款质量。这就为富人寻租提供了条件，同时导致穷人面临信贷配给，扶贫贴息贷款客观上就出现了"贫困瞄准"目标的偏离。第二，扶贫贴息贷款利率市场化条件下，商业银行主动将较多的贷款配置给富人而对穷人进行配给，从而偏离"贫困瞄准"目标。只要穷人面临的利率低于富人，除非花费很高的监督成本，否则就会存在富人寻租、"搭便车"的问题。因此，扶贫贴息贷款不管是在利率管制条件下，还是在利率市场化条件下，都不可避免地出现贫困目标偏移（吴本健等，2014）。

3.2.2　扶贫目标与盈利目标矛盾导致扶贫贴息贷款的目标偏移

扶贫贴息贷款由商业银行发放，正规金融机构作为外来机构，不了解农户的资金使用真实理由和还款意愿，与农户之间存在严重的信息不对称。商业银行认为，贫困农户在缺乏有效抵押品和道德风险较高的情况下给他们发放贷款，即使是扶贫贷款，信贷风险还是相当大。另外，考虑到贫困农户借款资金普遍具有小而零散的特点，且贫困人群不仅缺乏必要的抵押担保品，自身的金融认知水平也较低，这使得商业银行的信息收集和甄别成本大幅提高，很难以标准化的贷款流程形成放贷的规模效应。此外，在上述因素的共同作用下，即使放出贷款，商业银行同样需要在贷后采取更为严苛的风险控制和成本更高的贷后追踪。长期来看，传统的金融扶贫方式成本高昂，不符合商业银行商业化、可持续的经营目标。

扶贫贷款业务风险高和收益低的特性与商业银行追求营利性的商业化运作模式相矛盾。商业银行完成扶贫贷款是为了响应政府的政治任务，本身参与扶贫开发积极性也较低。扶贫贷款的对象从起初的小农户逐渐偏移向大农户甚至最终变成"扶助"企业，这种目标偏移的现象揭示了过去的金融扶贫政策目标与金融机构自身追求利润最大化之间的矛盾。从这一点上看，提高扶贫效果的最佳途径是将资金直接发放到贫困农户手中，帮助其建立和发展生产。但是由于信息不对称和缺乏有效的激励机制，商业银行发放小额扶贫贷款成本高和回收率低，严重影响了商业银行的经营目标。以效率为导向的扶贫政策对于援助最贫困的地区和人口收效甚微，在效率原则下，特贫县、特贫村和特贫人口获得扶贫项目的机会极为有限（刘西川，2007）。中国的信贷扶贫经验显示，在目前的商业银行体系下信贷扶贫不可能达到政府预期的政策目标。

既要减贫又想盈利，双重的目标大多是冲突的。莫斯利（Mosley，1996）对玻利维亚阳光银行的案例进行分析，研究表明贷款的规模与减贫的目标是倒 U 形的关系。贷款规模很小的时候，减贫效果也小；随着贷款规模的扩大，减贫效果逐渐增加；当平均贷款规模达到 100～200 美元后，继续扩大贷款规模，减贫的效果随着贷款的规模增加而减少。而盈利水平与贷款规模呈正相关关系，贷款规模越大，盈利水平越高。商业银行往往会选择盈利目标，因而无法完成减贫目标。

3.3　村级互助资金的目标瞄准分析

3.3.1　村级互助资金运用合作金融的制度优势瞄准贫困

村级互助资金利用合作金融制度优势，利用社会资本，减少交易成本和违约风险，提高贫困村农户借款的机会。社会资本包括信任、声誉和规范等内容。互助资金的成员因同处一个社区，在信息、交易成本和担保等方面具有绝对优势（Biggart，2001）。具体而言，基于合作金融制度优势的视角（洪正，2011；董晓林等，2016），互助资金贷款通过熟人社会机制、自我选择机制、同组监督机制和社区规范机制，降低贷款的成本和防患贷款风险，提高贫困村农户借款机会（见图 3 - 3）。对于贫困农户来说，互助资金的出现能够帮助他们降低申请贷款的交易成本（尤其是时间成本和交通成本）。相比从正规金融机构申请贷款较为烦琐的手续流程而言，互助资金贷款的流程更为简便，即使是金融知识、文化水平较低的农户也能够很好地理解互助资金的贷款申请要求和相应的流程（邓俊淼，2011）。

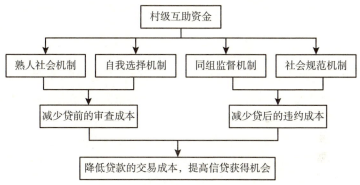

图 3 - 3　村级互助资金提高贫困村农户获得信贷的机会

3.3.1.1　信息优势

由于地缘优势，在熟人社会中，互助资金具有明显的信息优势。现实中，互助资金社员本身在一个村内，拥有着较为紧密的血缘、地缘和业缘关系。社员与社员之间彼此熟悉，相互了解，尤其对各自的生产经营状况有一个清晰的把握，这就变相地降低了信息不对称的程度。加之，建立一些规范，如规范还款的时间和地点，形成一定的规则，有利于互助资金工作人员了解信息，降低了互助资金的运营成本。此外，同样是基于上述较为紧密的血缘、地缘和业缘关系，形成了更优质的社会声誉和惩罚机制。某一个借款社员违约时不仅要面临经济和法律上的惩罚，还有可能面临更加严重的声誉机制的惩罚。在中国农村较为特殊的社会网络环境中，这种基于声誉机制的惩罚效果有时候要比其他惩罚措施更为有效。这也是为什么互助资金强调在一定的村庄范围内实施，并且要求社员之间彼此熟悉，确保信息不对称程度大幅下降，信息能够高效率和可持续的传递。

3.3.1.2　监督优势

正如上文的分析，小农户普遍缺乏必要的抵押品，不符合正规商业性金融机构的放贷要求。相反，互助资金基于社员之间普遍存在的血缘、地缘和业缘关系，通过社员之间的相互监督转嫁了组织自身的监督成本，这种由声誉机制形成的特殊"邻里监督"机制，有助于互助资金的管理者更容易地监督和规范社员的借款行为，降低违约率。与此同时，社员之间的这种相互监督乃至对合作社本身的监督，也进一步规范了合作社的发展，确保互助资金始终在一个合作框架下运营，保障了组织的经营绩效和社员利益。

3.3.1.3　信任优势

自 20 世纪以来，经济学家们普遍认为信任是社会经济的润滑剂，是交易行为的基本要素，信任对于经济发展极其重要。信任关系是借款方和贷款方双方之间的一种双向互动关系，两者在长期博弈中，借贷双方在信任中相互学习，大大促进了金融文化和金融技术传播。信任在互助资金的运行中有着举足轻重的作用。互助资金是产生于农村社区的金融本土力量，内生于农村社区。互助资金能得以正常的运转，是建立在农村社区中的社会关系网络的基础上，社员之间的信任是基于血缘、地缘和亲缘等关系建立起来的。社员之间具有较高程度的信任水平是保证社员积极参与互助资金的重要因素。

农村地区相对封闭的社区网络、成员信任及习俗性规范构成的社会资本替代抵押担保，通过同伴压力监督实施合约（谢玉梅，2016）。互助资金是一种社区式的农村新型合作金融组织，利用熟人机制，理事会成员都是在村庄中有一定威望、了解村庄中每个农户的家庭详细情况的本村村民担任，这样就可以无成本地监督本村所有借款人的行为。而且互助资金社员之间的相互了解，相互熟悉，能够有效地甄别贫困农户，提高贫困的瞄准精度。同时利用社区的声誉机制、惩罚和社会约束机制等，有效地约束了贫困农户的机会主义行为。

互助资金在社区内封闭运行，最大限度地接近了农户，由农户自己管理，成为他们自己的"银行"，大大减少了信息不对称。社区的信息优势和联保的制度安排大大提高了互助资金的安全性。违约会导致借款人信誉受损而无法在本村生活，因而互助资金可以不依赖正规制度也能保证资金的安全。扶贫贴息贷款是财政资金通过商业银行发放的行为，其贷款"门槛"高并且需要担保人，所以扶贫贷款到户难，到贫困户更难。

3.3.2　村级互助资金运用小额信贷的产品设计瞄准贫困

互助资金严格坚持在本村内部运行，农户不能跨村加入互助资金，这确保了互助资金内部成员之间彼此较为熟悉，能够有效地甄别贫困农户，提高贫困的瞄准度。同时互助资金利用小额信贷产品设计，严格限制互助资金借款期限和借款金额，在一定程度上增加富裕农户借款的成本，进而提高贫困农户获得互助资金的借款机会。第一，每个村互助资金的规模有限，控制借款额度可以防止少数富裕社员借用大额资金，挤占其他社员特别是贫困户社员的利益。此外，贫困户的生计特征决定了其借款额度都比较小，小额度的借款规定符合贫困户的实际需要，借款额度越大，贫困户越不可能获得借款。第二，小额借款意味着更多的社员可以获得借款机会，保证覆盖面，让多数人受益。如果借款额度大，获得借款的户数就少，受益面就相应的变小。第三，小额借款有利于分散借款风险，提高互助资金的资金安全性和供给的可持续性。

通过以上分析，可以得出本书研究假说一：与扶贫贴息贷款相比，互助资金能够覆盖更多的贫困户，其服务目标有一定的下沉。

3.4　村级互助资金对贫困农户生产投资和收入的影响机理

3.4.1　村级互助资金增加贫困农户的初始投资资本

贫困地区农户受到较为严重的金融排斥和信贷配给，缺乏生产发展的资本投入，互助资金通过增加农户的贷款机会，增加农业生产投资支出，从而摆脱贫困陷阱。如图 3 - 4 所示，假设贫困户资本拥有量小于 OA，普通农户资本拥有量为大于 OA 小于 OB，富裕农户资本拥有量大于 OB，他们分别对应三种不同的投资机会 I_1、I_2 和 I_3。并且根据现实情况，认为在上述这三种不同的投资机会下，所需要具备的生产技术水平依次递增，与此同时，其所对应的生产规模也从小到大依次增长。在此基础上，所需的资本投入量从低到高依次提高，由此获得投资回报率不断提高（$R_1 < R_2 < R_3$）。但是由于投资本身需要具备一定的"门槛"条件。对贫困农户而言，由于没有充足的生产启动资金，只能将自身的生产行为局限于第一类投资机会中，随着时间的推移，由于资本边际报酬递减规律的存在，只能使得贫者愈加贫困。相对地，普通农户的初始资本量大于 OA 但低于 OB 时，农户可以从生产机会 I_1 转变为 I_2，随着扩大再生产的进行，资本的边际报酬递增。

富裕农户拥有的资本量大于 OB，考虑到在生产机会 I_3 下，生产技术水平、生产规模均远高于 I_1 和 I_2。此时的农户生产不再局限于传统的农业生产，农户面临的边际收益曲线突然上升（表现为图 3 – 4 中的 MR_2）。在这一边际收益曲线下，农户的生产技术和生产方式更为高级，相比较原先边际收益曲线 MR_1 下的平均收益水平而言，农户的边际收益水平大幅增加。综上所述，随着农户自身初始投资量的不断增加，资本边际收益曲线呈现出在 OA 阶段递减、在 AB 阶段递增，当增加到临界点 B 时，出现断裂，随后快速增长。

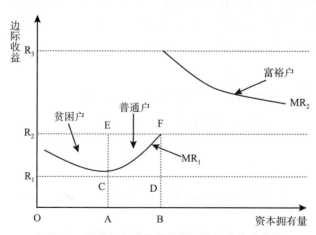

图 3 – 4　不可分割的投资和断裂的投资收益曲线

结合本书所要研究的互助资金对农户初始资本的影响，认为互助资金正是通过政府施加外部干预的方式，为贫困地区的农户提供了充足的信贷资金，使得原先较为贫困的农户的初始投资量从原先低于 OA 的水平进入 OA 与 OB 之间，甚至远高于 OB 的水平，在这种情况下，农户的资本边际报酬率大幅提高，边际收入增长，从而摆脱贫困。

3.4.2 村级互助资金改变贫困农户的消费支出偏好

村级互助资金作为扶贫项目需要改变贫困农户的偏好，构建可持续的收入实现机制。提高扶贫项目的效果是要改变贫困农户的偏好，培育农户的自我创收能力，最终使之自食其力。政府扶贫的目标是要农户把一部分资金用于生产，变"输血"为"造血"。

如图 3 - 5 (a) 所示，假设农户的消费支出主要分为两部分，其一是生活用品消费支出；其二是农业用品消费支出。结合现实情况，假设农户极度偏好于生活用品消费，则已知农户此时的消费效用函数属于拟线性偏好效用函数。假设农户的预算约束线为图中 AB，此时的无差异曲线为 U_1。换言之，农户的收入中有一部分是固定的，只用于农业用品的消费。随着农户收入的逐渐增加，预算约束线 AB 有向右移动的趋势（变动到 CD 位置）。如果此时农户将所有增加的收入均用于生活用品的消费，而不增加农业用品的消费，那么总体的效用水平会随着收入水平的增加而呈现出同比例增加的趋势，表现在图 3 - 5 (a) 中，可以认为无差异曲线 U_1 会变动到 U_2 的位置。理论上，满足上述条件时，农户本身的生产能力并没有发生变化，扶贫资金被全部用于生活消费，一旦这部分资金不再供给，则农户的效用水平就会立刻下降，因此上述扶贫更多的类似于一种"输血式"扶贫。

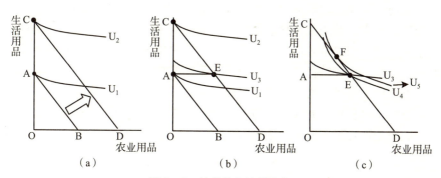

图 3 - 5 扶贫的经济学分析

进一步考虑图 3 - 5 （b），假设此时政府不再直接给予农户资金，而是以实物替代扶贫资金发放（例如，给予农户种子、化肥、农药等）。此时，如果农户自身的拟线性偏好曲线没有发生变化，则随着农业投资的增加，预算线水平右移，且预算线 AB 变成弯折曲线 ADE，与最高的无差异曲线 U_3 交于 E 点，U_3 比 U_1 高效用水平增加，但是居民的最大效用水平还是低于以现金形式发放扶贫款时的水平 U_2。考虑到上述扶贫方式对贫困家庭而言，属于通过提供农业生产启动资金的方式，直接促使其发展农业生产进而拜托贫困。虽然直指贫困户，但是政府所提供的物质意味着农户发展产业失去选择的权利，导致相应的激励不足，还会形成依赖，不符合市场化原则，所以效用水平无法达到最优水平。

图 3 - 5 （c）中如果能够改变贫困农户的消费偏好，使其无差异曲线由拟线性偏好无差异曲线 U_3 变成正常的无差异曲线 U_4。此时考虑在既定的预算约束线 CD 下，农户自身的效用水平 U_4 有所增加，最终达到了新的效用水平 U_5。所以扶贫目的是改变贫困农户的偏好，最终使其能够自食其力，才能真正实现减贫的效果。

互助资金的章程明确要求互助资金借款主要用于发展生产，扶持种养业等生产项目。互助资金的设立在正规金融供给不足的贫困地区，是为解决贫困地区农户生产资金短缺问题，所以互助资金的主要投向是农业生产。在一个信息相对透明的乡村里，农户之间的生产活动都非常清楚，有利于将有盈利的项目甄别出来。

成功的扶贫方式应该能够通过政府引导农户参与发展，提高自我发展的能力。互助资金通过政府外部资金支持，引导农户之间联合互助来放大发展的动力，使政府自上而下的纵向扶贫方式与农户之间的横向发展相结合，达到放大政府扶贫的效果。

互助资金通过缓解贫困村农户资金压力，促使其加大农业投资力度、增加农户收入。在增加农户信贷可获性的前提下，互助资金通过与特色产业结合，坚持到户资金用于发展生产，促进农户发展能力的提高和产业的发展，助推了优势特色产业发展和农户收入提高。

通过以上分析，可以提出本书研究假说二：互助资金增加贫困农户的初始资本，改变扶贫对象的消费支出偏好，支持当地特色产业发展，增加农户农业生产性投资，从而增加收入。

3.5　扶贫项目政策效果检验标准

3.5.1　扶贫项目的覆盖面和可持续性

扶贫项目的覆盖面是指能覆盖更多的低收入者和贫困户。可持续性是指看补贴依赖程度，如果补贴依赖程度高，就不具有可持续性。扶贫项目效果的检验标准，覆盖面和可持续性的权衡，如图 3 - 6 所示，覆盖面大并具有可持续性，扶贫效果就好；相反，覆盖面小且不具有可持续性，则扶贫效果就差。

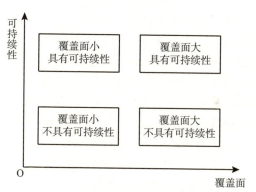

图 3 - 6　扶贫项目的覆盖面和可持续性

3.5.2　扶贫政策取向对贫困程度的影响

贫困发生率、贫困深度和贫困强度构成衡量贫困的三大指数 （Foster et al. , 1984），对准确评价扶贫政策以及扶贫资金的投入效果具有重要意义。贫困发生率十分重要，但是只能反映出贫困人口数量的变化，无法知道贫困线以下人群的收入低于贫困线的程度 （贫困深度），以及贫困人口之间收入分配情况 （贫困强度）。此外，如果仅关注贫困发生率一个指标，地方政府会出于扶贫政绩考虑，选择具有成本效率的、有利于离贫困线较近的人群优先脱贫的扶贫政策，这样的扶贫政策取向难以或者根本无法惠及最贫困者。因此，正确地认识农村贫困问题以及促进农村扶贫工作的成果惠及农村全体贫困人口，尤其是最贫困的人口，必须同时关注贫困发生率、贫困深度和贫困强度。借鉴薛美霞（2008）收入增长与分布对贫困的影响研究，分析互助资金和扶贫贴息贷款对不同收入水平农户的收入的影响差异，可以探索收入分布变化与贫困指标变化的规律。

如图 3-7 和图 3-8 所示，横轴为人口比重，纵轴为人均纯收入，收入分布曲线表示不同收入组的分布密度曲线[①]。当收入为 i 时，对应的人口累积比重为 P；Z 表示贫困线，收入分布曲线与贫困线 Z 相交的交点 c 对应的人口比重 P_0 为贫困发生率。在既定的收入分布曲线下，贫困线以内收入分布曲线上某一点离开贫困线的距离表示按收入从低到高排序，第 n 个人的收入离开贫困线的距离称为贫困缺口。将贫困线以下 P_0 个人的收入缺口累积，得到贫困人口总的贫困缺口（薛美霞，2008）。离贫困线较近的相对贫困人口的收入增加较多，而离贫困线较远的最贫困人口收入增加减少或甚至不增加，使得贫困发生率由 P_0 下降到 P_0'。但由于收入绝对增量主要是相对贫困人口（阴影部分表示收入的增加），最贫困的收入增加较少或没有增加，剩下的贫困人口的平均收入较低，贫困人口的收入更加不均衡，收入差距加大，平均贫困缺口增加，因此贫困深度和贫困强度会恶化，相对贫困状况更差（见图 3-7）。离贫困线较远的最贫困人口收入增加较多而离贫困线较近的相对贫困人口增加较少或甚至不增加收入，虽然最贫困的人口收入增加较多，但可能还是没有超过贫困线，所以贫困发生率保持不变，仍然为 P_0 处。但由于收入绝对增量主要是最贫困人口（阴影部分表示收入的增加），原来的离贫困线较近的贫困者收入增加较少或没有增加，剩下的贫困人口的平均收入较收入比之前提高，贫困人口的收入更加均衡，平均贫困缺口减小，因此贫困深度和贫困强度会改善，贫困的状况变好（见图 3-8）。

综上所述，贫困发生率、贫困深度和贫困强度不仅与贫困人口的收入量的增加有关，还与贫困人口的收入分配有关。收入的绝对量增加越倾向于离贫困线较近的贫困人口，则会使贫困发生率下降，并且如果剩余贫困人口的平均收入不变或较小就会使贫困深度和强度不能得到改善甚至恶化。

---

① 贫困发生率相同时，交点为 c 处，有可能有多条的收入分布密度曲线。不同收入分布密度曲线下贫困缺口的大小取决于收入分布密度曲线的截距和斜率。截距越大，斜率越小，则总的贫困缺口越大。而截距越大，说明该收入状况下最低收入者收入较低；斜率越小说明该收入状况下低于贫困线且远离贫困线的贫困人口较多。本书在此处仅分析在既定的收入曲线下不同的政策取向对离贫困线远近的人口的影响。

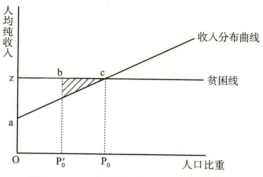

图 3 - 7　瞄准相对贫困人口的扶贫政策

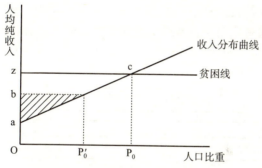

图 3 - 8　瞄准最贫困人口的扶贫政策

　　收入绝对量的增加越倾向于最贫困的人，贫困发生率可能不变甚至升高，但是可以使贫困人口的平均收入增加，使贫困深度和贫困强度得到改善（苗齐和钟甫宁，2006）。

　　从理论上分析了不同的扶贫政策取向对贫困的影响是否是存在差异，如果互助资金的受益农户的收入分布是在贫困线附近，那么互助资金会使贫困发生率下降，但贫困深度和贫困强度会恶化；如果互助资金的受益农户的收入分布是远低于贫困线，那么会互助资金对贫困发生率下降没有影响，但会改善贫困深度和贫困强度。扶贫贴息贷款也是同理。

　　依据上述分析，提出本书研究假说三：与扶贫贴息贷款相比，由于互助资金受益农户的收入分布较低，所以在降低贫困发生率，改善贫困深度和贫困强度方面效果可能会更显著。

3.6 分 析 框 架

本书通过比较村级互助资金与扶贫贴息贷款减贫机制差异导致减贫效果差异的作用过程。首先，分析扶贫贴息贷款实施中可能存在目标偏移极其原因；其次，分析互助资金利用合作金融的制度优势和小额贷款的产品设计，如社会资本机制、同组监督机制和信任机制，降低贫困农户获得借款的交易成本和较少违约的概率，增加贫困农户的信贷可获性及贫困覆盖面的可行性；并分析了互助资金通过增加贫困农户的初始资本，改变其消费支出偏好，支持贫困户发展特色产业，提高贫困农户的资金使用效果，帮助贫困户摆脱贫困陷阱，最终实现减贫的目标。全书的分析思路和框架如图 3-9 所示。

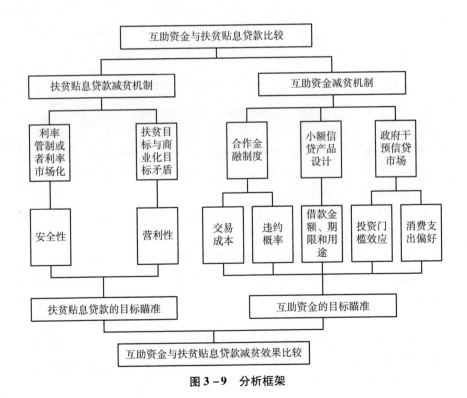

图 3-9　分析框架

第 4 章

扶贫贴息贷款与村级互助
资金的运行现状

　　本章是全书的研究逻辑起点，共分为两个部分。首先描述分析贫困农户的信贷约束；其次比较分析村级互助资金与扶贫贴息贷款的资金来源、资金运用、管理架构、风险管理和目标瞄准等运行现状。

4.1　贫困农户的信贷约束

4.1.1　贫困农户的信贷约束程度

　　发展中国家的农村金融市场运行效率低，正规信贷约束问题普遍（Barham et al. , 1996；Kochar, 1997；Duong and Izumida, 2002；Swain, 2002）。近年来农村金融机构不断萎缩和农村金融服务总体缺位状况非常严重，农村金融服务供求反差强烈。以宁夏同心县为例，同心县农村信用联社共有 12 个网点，其中有 7 个在城区，乡镇只有 5 个，平均一个信用社服务 3 个乡镇，而这几个乡镇的地理跨度都非常大；西吉县有 6 个乡镇没有一家金融机构；中宁县、盐池县、原州区、吴忠市也存在大量金融服务空白区（王曙光和王东宾，2010）。中国家庭金融调查数据显示，中国农村家庭的信贷可获性仅为 27%[①]。在有信贷资金需求的家庭中，受到信

[①]　甘犁等. 中国家庭金融调查报告，2014。正规信贷可获性指数＝获得贷款家庭数量/有正规信贷需求家庭数量。

贷约束农村家庭占比为 72.7%，其中需要资金但是没有到银行申请的农村家庭占比 62%，申请了贷款但被银行拒绝的家庭占比 9.8%。在农村家庭中，从事农业生产的家庭的农业生产的信贷可获性仅为 30%。中国贫困地区农户无法得到正规商业银行贷款，也受到正规信贷约束（刘西川和程恩江，2009），农户尤其是贫困农户"贷款难"问题非常突出。根据 2012 年《中国农村金融服务报告》，截至 2012 年底，我国金融机构农村贷款余额为 14.45 万亿元，约占全国各项贷款的 23%，农户贷款余额为 3.62 万亿元，约占农村贷款余额的 24.9%，其中农户小额信贷的余额为 3616 亿元，农户联保贷款余额为 3989 亿元，农村可贷资金总体规模仍然偏小。

4.1.1.1 贫困农户扶贫贷款的可获性

贫困农户贷款可获性非常低。贫困农户的单笔贷款需求数额少，但是笔数多，商业银行对贷款对象的甄别过程复杂，贷款发放的成本高。此外，贫困群体普遍从事农业生产活动，由于自然风险和市场价格风险交织带来的收成不确定性，导致系统性风险和农业生产周期带来的流动性风险高，而且缺乏银行认可的抵押物资产，因此，向贫困群体提供信贷服务是一种低收益、高风险的行为。分析 2007~2010 年我国扶贫重点县中不同类型农户获贷款比例和户均贷款金额发现，贷款比例总体呈现下降趋势，户均贷款金额则呈现上升趋势。具体来看，2010 年的所有农户中，只有 3% 的农户从银行或信用社得到贷款，这一比例比 2009 年下降了 0.9 个百分点，户均贷款金额 12633 元，比 2009 年的 10575 元增加了 2058 元，增长 19.5%。其中，个体工商户得到贷款的比例比 2009 年下降了 0.6 个百分点，户均贷款金额提高 4.9%；种养大户得到贷款的比例比 2009 年下降了 2.6 个百分点，户均贷款金额提高了 13.7%；贫困农户得到贷款的比例比 2009 年下降了 0.7 个百分点，户均贷款金额提高了 8.2%（见表 4-1）。

表 4-1　　　　扶贫重点县农户获得贷款的比例和户均贷款金额

年份	全部农户		个体工商户		种养业大户		贫困户	
	得到贷款比重（%）	户均贷款金额（元）	得到贷款比重（%）	户均贷款金额（元）	得到贷款比重（%）	户均贷款金额（元）	得到贷款比重（%）	户均贷款金额（元）
2007	4.2	5614	3.4	8100	8	5889	3.3	5114
2008	3.3	8322	4.1	24531	7.6	8094	2.2	5421

续表

年份	全部农户		个体工商户		种养业大户		贫困户	
	得到贷款比重（％）	户均贷款金额（元）	得到贷款比重（％）	户均贷款金额（元）	得到贷款比重（％）	户均贷款金额（元）	得到贷款比重（％）	户均贷款金额（元）
2009	3.9	10575	4.8	22227	9.4	13943	2.7	7383
2010	3	12633	4.2	23307	6.8	15846	2	7985

资料来源：根据 2008～2011 年《中国农村贫困监测报告》整理计算。

　　贫困户获得扶贫贷款更难，扶贫贷款往往被农村中比较富裕的农户得到。贫困监测报告发现人均收入水平越低，贫困程度越高、资金越紧缺的贫困户，越难获得扶贫贷款。

　　依据扶贫贷款的发放标准，主要资助对象应该是中低收入人口。但是按收入三等分分组分析，2008 年低收入组农户得到扶贫贷款的比例为 36.9％，到 2009 年下降为 33.3％，到 2010 年下降为 20.6％；2008 年高收入组的农户得到扶贫贷款的比例为 29.4％，到 2009 年上升到 32.8％；2010 年扶贫重点县 58％的扶贫贷款发放给中等收入组农户（见表 4 - 2）。

表 4 - 2　　　　　　不同收入水平的农户获得扶贫贷款的比例

年份	2000 元以下	2000～4000 元	4000 元以上
	得到贷款户比重（％）	得到贷款户比重（％）	得到贷款户比重（％）
2008	36.9	33.7	29.4
2009	33.3	33.9	32.8
2010	20.6	58	21.4

资料来源：根据 2009～2011 年《中国农村贫困监测报告》整理计算。

　　在贫困地区农户借款来源中，来自国家扶贫贴息贷款的比例很小。根据宁夏扶贫重点县监测①，2013 年和 2014 年，宁夏扶贫重点县的 820 户农户分别获得国家扶贫贴息贷款 19.2 万元和 161.75 万元，仅占借款来源

---

　　①　宁夏贫困监测调查在盐池、同心、原州区、西吉、隆德、泾源、彭阳和海原 8 县区开展，共有调查网点 83 个，调查户 820 户。主要监测居民现金和实物收支情况、住户成员及劳动力从业情况、居民家庭住房和耐用消费品拥有情况、家庭经营和生产投资情况、社区基本情况、县（市）社会经济基本情况和县扶贫项目实施情况以及村和户的扶贫参与情况等。宁夏扶贫重点县相关数据资料均为贫困监测调查 820 户调查户数据汇总所得。

的 1.74% 和 9.61% （见表 4 - 3）。

表 4 - 3 宁夏扶贫重点县农户的主要借款渠道

借贷来源（元）	2013 年		2014 年	
	金额（元）	占比（%）	金额（元）	占比（%）
亲戚朋友	4747400	43.09	5717850	33.97
银行及信用社商业贷款	5965000	54.15	8999750	53.46
国家扶贫贴息贷款	192000	1.74	1617500	9.61
其他扶贫贷款	92000	0.84	201000	1.19
其他来源借贷款	20000	0.18	297000	1.76
合计	11016400	100	16833100	100

资料来源：《宁夏调查数据（2014～2015）》。

4.1.1.2 不同收入水平下的信贷约束程度分析

由于数据来源不同，信贷约束的度量方法也不同，测度的信贷约束程度存在差异。但是同一数据来源下，不同收入水平的信贷约束具有可比性。利用调查数据分析不同收入水平下农户受到正规金融机构信贷约束的程度差异，重点分析中低收入农户受到信贷约束程度。

（1）宁夏农户信贷约束的识别和衡量。对于信贷约束的识别和衡量，主要借鉴布歇等（Boucher et al.，2005）的 DEM 方法来识别该家庭是否受到信贷约束。问卷中涉及的如下问题：**问题一**：是否需要借钱，1 = 需要；0 = 不需要。**问题二**：2012 年以来是否向银行申请贷款 1 = 是（继续3）；0 = 否（跳至4）。**问题三**：如果向银行申请过贷款，是否获得批准（1 = 是；0 = 否）；若获得批准，是否获得申请全部金额（1 = 是；0 = 否）。**问题四**：您为什么没有申请？（请选择最重要的一个原因）1 = 即使申请也得不到；2 = 害怕失去抵押物；3 = 不需要贷款；4 = 利率太高；5 = 申请程序复杂；6 = 借了担心还不起；7 = 不知道贷款手续；8 = 贷款额度太小不能满足需要；9 = 有其他贷款；10 = 其他（请注明）。如果回答不需要借钱，就是没有名义的信贷需求，也就没有受到信贷约束。如果有借款需求，认为有名义信贷需求。具体见图 4 - 1。

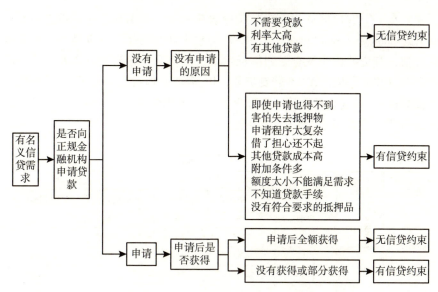

图4-1 农户信贷约束的识别

利用上述定义的信贷约束识别方法,计算不同收入水平下农户受信贷约束的情况(见表4-4)。对宁夏655户农户样本按人均纯收入从高到低排序,将所有样本家庭分为低收入、中等偏下收入、中等收入、中等偏上收入、高收入五个组,每组131个样本。总体来看,有253户农户受到了信贷约束,占比为39%,402户没有受到信贷约束,占比为61%;最低收入组农户受到信贷约束为43%,分别高于中等偏下收入组35%和中等收入组农户38%。

表4-4　　　　　　　　　宁夏农户信贷约束情况　　　　　　　　单位:%

信贷约束情况	低收入		中等偏下		中等收入		中等偏上		高收入		全样本	
	户数	占比	户数	占比	户数	占比	户数	占比	户数	占比	户数	占比
有信贷约束	56	43	46	35	50	38	57	44	44	34	253	39
无信贷约束	75	57	85	65	81	62	74	56	87	66	402	61

资料来源:2014~2015年宁夏农户微观调查数据。

(2)中国农村家庭信贷约束的识别和衡量。利用西南财经大学中国家庭金融调查与研究中心的信贷约束衡量标准,分析中国农村和西部农村不同收入水平下农户信贷约束情况（见表 4 - 5）。中国家庭金融调查（China Household Finance Survey，CHFS）问卷中涉及的问题分别是：是否有银行贷款，有贷款说明没有受到信贷约束，赋值 0；对于无贷款者。进一步询问未贷款的原因。A. 不需要贷款；B. 需要，但没有申请过；C. 申请未被批准；D. 有贷款已还清。选择 B 和 C，说明受到信贷约束，赋值 1；选择 A 和 D，说明没有受到信贷约束，赋值 0。

表 4 - 5　　　　　　　　　　　全国农户信贷约束情况

组别	年份	对比项	中国农村		西部农村	
			有信贷约束	无信贷约束	有信贷约束	无信贷约束
低收入	2010	户数	208	395	66	123
		占比（%）	34.5	65.5	34.95	65.05
	2012	户数	430	1357	129	385
		占比（%）	24.05	75.95	25.1	74.9
中等偏下收入	2010	户数	217	386	63	126
		占比（%）	36	64	33.35	66.65
	2012	户数	399	1387	109	404
		占比（%）	22.35	77.65	21.2	78.8
中等收入	2010	户数	198	404	59	129
		占比（%）	32.85	67.15	31.25	68.75
	2012	户数	425	1361	137	377
		占比（%）	23.8	76.2	26.65	73.35
中等偏上收入	2010	户数	182	421	64	125
		占比（%）	30.2	69.85	33.9	66.1
	2012	户数	378	1408	122	391
		占比（%）	21.15	78.85	23.75	76.15
高收入	2010	户数	147	456	46	143
		占比（%）	24.4	75.6	24.35	75.65
	2012	户数	296	1491	98	416
		占比（%）	16.55	83.45	19.1	80.9
全样本	2010	户数	952	2062	298	646
		占比（%）	31.59	68.41	31.57	68.43
	2012	户数	1928	7004	595	1973
		占比（%）	21.59	78.41	23.17	78.83

资料来源：西南财经大学 2011 年、2013 年中国家庭金融调查数据。

对 2011 年和 2013 年调查的数据进行处理，剔除人均纯收入缺失的样本，最终 2011 年调查样本农户 3014 户，其中西部农村样本农户 944 户；2013 年调查 8932 户农户样本，其中西部农村样本农户 2568 户。进一步对人均纯收入五等分组，2011 年全国农村样本每组 503 户，西部农村样本每组 189 户；2013 年全国农村样本每组 1787 户，西部农村样本每组 513 户。

结果发现：第一，总体来看，不管是中国农村还是西部农村，农户都受到较高的信贷约束。中国农村 2010 年有 31.59% 农户受到信贷约束，2012 年有 21.59% 农户受到信贷约束；西部农村 2010 年有 31.57% 农户受到信贷约束，2012 年有 23.17% 农户受到信贷约束。第二，最低收入组农户受到的信贷约束高于其他收入组农户，中国农村最低收入组 2010 年有 34.5% 受到信贷约束，2012 年有 24.05% 受到信贷约束；西部农村最低收入组 2010 年有 34.95% 受到信贷约束，2012 年有 25.1% 受到信贷约束。第三，中国农村中等偏下收入组 2010 年有 36% 受到信贷约束，2012 年有 22.35% 受到信贷约束；西部农村中等偏下收入组 2010 年有 33.35% 受到信贷约束，2012 年有 21.2% 受到信贷约束。虽然中国家庭金融调查与研究中心调查的数据和宁夏农户微观调查数据在信贷约束衡量标准上存在一定的差异，但是两个数据分析均表明，中国农村尤其是西部贫困农户的信贷可获性较低，贫困农户确实存在信贷约束。

4.1.2　贫困农户难以获得扶贫贴息贷款的原因

以下分别从供给和需求两个方面分析贫困农户难以获得扶贫贴息贷款的原因。

4.1.2.1　供给层面

农村人口密度低、贷款的频率高、单笔贷款的金额小而且缺乏抵押品，商业银行在农村地区风险高，收益低，因而降低了农村信贷的供给。造成正规金融收益低的主要原因是交易成本和监督成本高以及逆向选择问题而不能通过提高利率增加预期收益。

从金融供给角度来看，贫困农户融资难是因为没有适合贫困农户生计特点的金融机构和业务，小额信贷被认为能有效传递信贷资源至贫困人口（李金亚和李秉龙，2013），进而提高贫困人口收入，减少贫困人口数量。

4.1.2.2 需求层面

两个因素影响着贫困人群参与金融市场的意愿。其一,借款交易成本高。除利率和手续费以外的显性成本,还需要承担其他的隐性成本提高了贫困人口的融资成本;其二,由于缺乏对金融机构和产品的了解,尤其是缺乏对服务可得性和相关条款的了解,惧怕贷款"门槛"高而使得部分贫困人群主动地放弃了申请使用金融服务的权利。

4.1.3 不同经济发展下的贷款支持政策

每个地区之间和同一地区内部,经济发展水平差异很大。有些农村地区还处在"贫困陷阱",有些地区处于"自生区域"阶段,有些地区已进入"高级生产者"阶段,对于不同经济发展水平的农村地区,贷款支持政策应该有差异,区别对待。

在富裕地区,农户的收入水平高,已处于"高级生产者"阶段,大部分农户的资金需求增大和还款能力增强,已经达到金融机构传统的信贷标准,正规金融机构可以提供足额的资本供给。

在贫困发生率低的地区,中低收入农户处于相对贫困阶段即"自生区域"阶段,农户的自有资本能力加强,但从外部正规金融机构仍很难获得信贷资金。处于该阶段的农户,需要商业性的小额信贷、引导性政策贷款和农村合作金融共同服务。

在贫困发生率高的贫困县/村,处于"贫困陷阱"阶段的中低收入者对外部资本的获取能力极差,自有资本又无法满足其生产和生活的需要,因而政策性的扶贫贷款在这样的地区就显得十分的重要。例如,宁夏中南部贫困地区就更加需要政策性和开发性的扶贫贷款,这也是互助资金在贫困地区设立的现实要求。

4.2 村级互助资金与扶贫贴息贷款的现状比较

2006 年宁夏成为全国范围内村级互助资金的第一批试点省区之一,当地互助资金经过多年的发展已较为成熟,取得了一定的效果。据宁夏村级互助资金管理中心 2016 年统计,2006 ~ 2015 年十年来互助资金在宁夏地区发展迅速（见表 4 - 6）。截至 2015 年 12 月，试点村总数已达 1118 个，覆盖 23 个县，项目村覆盖了 70% 以上的贫困村，资金总量达 7 亿多元；累计借款户次 45 万次，累计借款金额 21 亿元，受益户次 12.8 万户。

表 4 - 6　　　　　　　　2006 ~ 2015 年村级互助资金运行情况

年份	试点村数（个）	试点村总户数（户）	入社户数	互助资金总规模（万元）	当年借款金额（万元）	累计借款金额（万元）	当年借款户数（户次）	累计借款户数（户次）
2006	10	2929	951	263	80	80	531	531
2007	35	12088	3396	971	329	409	1118	1649
2008	107	30156	8306	2679	1641	2049	5714	7363
2009	427	174434	42920	15872	12357	14406	33849	41212
2010	769	304165	83878	30167	16450	30856	57117	98329
2011	969	369165	95244	37272	22559	53415	54336	152665
2012	1102	373990	130000	47193	34602	87998	90737	222982
2013	1120	390568	133584	52154	34700	124400	84027	295471
2014	1250	450641	110954	63925	42853	162218	82829	360959
2015	1118	460710	128317	73531	53086	215303	82881	450503

资料来源：宁夏村级互助资金管理中心（2016）。

村级互助资金遵循着"自愿参与、民主管理、滚动增值、持续利用、共同发展"的基本原则，努力满足村民在生产发展过程中小额资金的需求，做到借款不出村、方便、快捷，体现互助资金"小而方便、小而快捷、小而实用"的优势和特点（见图 4 - 2）。互助资金正如之前分析过的，从资金来源、管理费用等都实现了低成本运作。

下面分别从互助资金的资金来源、资金运用、管理架构、风险管理及目标瞄准监督五个方面来分析互助资金的运行现状（见表 4 - 7）。与扶贫贴息贷款相比，互助资金对贫困户覆盖面更高，更贴近贫困群体。从资金来源分析，互助资金和扶贫贴息贷款的财政投入和资金成本具有一定的可比性。互助资金资金来源和扶贫贴息贷款的利息补贴都是来源于政府财政投入。互助资金是财政资金通过合作金融方式运行，而扶贫贴息贷款是财政资金通过商业金融运行，由于商业银行本身要有营利性，对扶贫贴息贷款

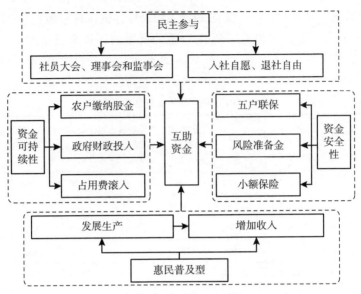

图 4 – 2　村级互助资金的运行机制

也要求效率和安全，所以扶贫的政策性目标和商业银行的营利性目标相矛盾，这是我国扶贫贴息贷款使用效率不够高的主要原因。而互助资金不要求盈利，并通过借款条件、借款金额和借款期限等严格规定，并利用各级扶贫办、互助资金管理中心、社员共同监督，实现外部和内部组织管理、风险管理以及贫困目标瞄准管理实现覆盖更多贫困户的目标。

表 4 – 7　　　　村级互助资金与扶贫贴息贷款运行机制比较

	性质	村级互助资金 （财政＋合作金融）	扶贫贴息贷款 （财政＋商业金融）
资金来源		财政扶贫资金、社员缴纳的资金、社会捐赠及互助资金占用费滚入；资金供给成本低	财政贴息、银行贷款；资金供给成本高
资金运用	发放主体	村级互助资金	商业银行
	供给机制	政府引导，在社区内运行	自上而下推行
	交易成本	互助资金借款管理成本低	商业银行发放扶贫贷款交易成本高
	服务对象	入社社员，贫困户入社比例不低于30%	向重点贫困地区和贫困户

性质		村级互助资金 (财政+合作金融)	扶贫贴息贷款 (财政+商业金融)
资金运用	财务可持续性	互助资金不要求盈利，只要维持运行	商业银行本身要有营利性，对扶贫贴息贷款也要求效率和安全
	贫困户覆盖面	较高	较低
管理架构		互助资金外部管理架构和内部组织结构	商业银行、扶贫部门、财政部门、乡政府等多头管理。项目由政府部门确定，贴息期限由财政部门确定，贷款金额由商业银行确定
风险管理	外部风险管理	主要由互助资金管理、社区自我管理	
	内部风险监督	联保显著、小额意外伤害保险	要求抵押、担保
目标瞄准监督		扶贫办、社员共同监督、小额信贷贫困瞄准机制	扶贫政策性目标和商业银行营利性目标冲突

4.2.1 资金来源

4.2.1.1 村级互助资金的资金来源

村级互助资金来源于政府财政资金、社员缴纳的股金，还有其他资金，如占用费滚入本金、捐赠资金等其他项目投入资金（见表4-8）。互助资金资金来源多样性，除了农户缴纳资金外，政府承担了主要的资金支持。从2006~2015年，宁夏互助资金总规模大幅度的增加，由最初的263万元增加到73531万元，政府财政投入由200万元上升到51697万元，财政投入资金占比在60%以上，2006~2010年呈现下降趋势，到2011年有缓慢上升，达到70%以上，说明政府加大了支持力度。农户缴纳的资金占20%~30%。其他资金主要包括互助资金本身运行过程中的占用费（利息收入）和小部分其他扶贫资金，但占比较小。

表4-8 2006～2015年村级互助资金资金来源

年份	累计互助资金总规模（万元）	财政资金（万元）	财政资金占比（%）	农户缴纳（万元）	农户缴纳资金占比（%）	其他资金（万元）
2006	263	200	76.07	63	23.96	0
2007	971	700	72.06	265	27.28	0
2008	2679	1754	65.48	860	32.10	65
2009	15872	10250	64.58	5249	33.07	373
2010	30167	19175	63.56	10199	33.81	793
2011	37272	23814	63.89	11438	30.69	2020
2012	47193	30714	65.08	10149	21.51	6330
2013	52154	34697	66.53	10743	20.60	6715
2014	63925	43197	67.57	10613	16.60	10115
2015	73531	51697	70.31	10520	14.31	11314

注：财政资金占比＝财政资金/互助资金总额，农户缴纳资金占比＝农户缴纳资金/互助资金总额。

资料来源：宁夏扶贫办数据整理计算。

互助资金资金来源既有外部资金注入，又有内部成员通过自愿出资的互助社，其有效运行需要有符合贫困社区特点和社区基金组织特性的制度安排。政府和社会等外部力量向互助社注入资金，尽管声称放弃了资金所有权和使用权，但政府依旧在一定范围内掌控着互助社的资金运作。从某种意义上来看，互助社具有双重的所有者，即政府和社员，尽管其参与互助社运营和管理的目的和方式并不相同，但二者与互助社之间都存在着双重委托—代理关系。一方面，政府作为外部注资者，以委托人的身份，将资金委托给互助社，旨在助其建立可以自我管理、自我发展的社区金融组织，改变穷困人口远离信贷权利的局面。互助社的管理者，为实现政府（委托人）的目的对互助社进行管理和运营。另一方面，社员通过自愿出资入股互助社，目的是获得便利、不需要抵押的信贷服务。此时，互助社社员可被视为委托人，互助社管理人员可被视为代理人，通过民主化、参与式、自我组织管理，实现社员的目标。

因此，政府、互助社和社员三方之间就可能存在双重的委托—代理问题。从委托—代理的视角来看，由于所有权和控制权的分离，委托人和代理人之间有可能出现目标不一致、信息不对称以及信息成本与监督成本，从而使代理人有可能偏离委托人的目标函数而损害委托人的利益。这种委托—代理问题在互助社的具体运作中主要体现为：如果外部机构只对互助资金的所有权和使用权进行赋权，而不给予适当的风险约束和监管，则有可能在社区管理中出现精英俘获（精英政治），资金无法到达最需要的贫困户手中；如果社员对互助社的参与不充分，没有形成社区群众广泛参与和对重大事宜集体决策的机制，则也有可能出现精英控制使互助资金不能很好地体现大部分社员群众的要求。在现实中，乡村精英往往与村两委重合性较高，而村两委与互助社之间的关系又是十分敏感而重要的（高杨，2014）。

4.2.1.2 村级互助资金与扶贫贴息贷款的财政投入和资金成本比较分析

本书试图通过比较两种不同的信贷扶贫模式，来分析互助资金的减贫效果，因而首先对这不同模式的信贷扶贫财政投入及资金成本进行了比较分析。这两者都属于信贷扶贫模式，共同的特点是财政投入，以信贷的方式为农户提供贷款，都属于"造血式"的开发式扶贫。互助资金和扶贫贴息贷款都有财政投入，互助资金财政投入的是本金，扶贫贴息贷款财政投入的是利息，本金来源于商业银行。

从宁夏全区总体上看，互助资金和扶贫贴息贷款的财政投入具有可比性（见表 4 - 9）。互助资金主要来源于财政投入，历年都有新增财政资金投入[①]，2006 ~ 2015 年十年间累计财政投入资金为 5 亿多元，形成了互助资金的本金。而扶贫贴息贷款的财政投入和成本分为两部分，一部分是财政贴息资金，另一部分是商业银行贷款本金的机会成本。财政贴息按扶贫贴息贷款 5% 的利息贴息，十年来大约 2 亿元。商业银行贷款本金来源于社会公众的存款，这个资金是有成本的，按照估算，商业银行吸收存款的成本大约为 5%[②]，而这正是扶贫贴息贷款本金的平均机会成本，扶贫贴息贷款的资金成本合计近 5 亿元，所以这两者的财政投入和资金成本具有一定的可比性。在这样的基础上分析两者的效果差异，具有一定的科学意义。

---

① 两者财政投入都不算机会成本。
② 商业银行吸收存款的成本包括支付给存款人的利息和商业银行经营成本。

表4-9 　　　　村级互助资金和扶贫贷款财政投入成本比较 　　　　单位：万元

年份	村级互助资金		扶贫贴息贷款	
	财政投入余额	当年新增财政投入	当年贷款余额	当年贴息资金
2006	200	200	18000	900
2007	700	500	18000	900
2008	1700	1000	24000	1200
2009	10250	8550	24000	1200
2010	18764	8514	26133	1307
2011	23764	5000	26400	1320
2012	30364	6600	26006	1300
2013	34364	4000	27600	1380
2014	42864	8500	24200	1210
2015	51364	8500	197700	9885

资料来源：宁夏扶贫办数据整理计算。

4.2.2　资金运用

4.2.2.1　村级互助资金借款期限和借款额度

2006年成立的互助资金，一般规定第一次借款上限不超过2000元；2008年成立的互助资金，大多数规定第一次借款额度上限不超过3000元。首笔借款按期还清后，第二次借款限额一般可提升至5000元；2010年成立的互助资金，第一次借款上限不超过5000元。互助资金控制首次借款额度后分阶段提高借款额度，但总额度不超过1万元，明显低于正规商业银行的借款。分阶段提高借款限额的做法不但可逐步提高社员的诚信意识，还能将资金风险控制在一定范围。为了保证资金的周转，互助资金借款期限一般为6~10个月，最长不超过12个月，这也是为了资金回收方便以及第二年发放方便。

4.2.2.2　村级互助资金借款费率

互助资金虽然不以营利为目的，但为了实现持续为社员提供借款服务的使命，自身必须保证可持续运转，有必要收取一定的资金占用费。占用费率必须满足成本覆盖的原则，一般参照银行一年期贷款基准利率，适当上浮。宁夏互助资金占用费率平均在 7% 左右，最低为 5%，最高达到9.8%（见表 4 – 10）。

表 4 – 10　　　　　村级互助资金借款的占用费率统计表　　　　单位：%

费率	2006 年	2007 年	2008 年	2009 年	2010 年	2011 年	2012 年	2013 年	2014 年	2015 年
平均占用费率	6.93	6.82	7.68	6.69	7.08	7.06	6.86	7.42	6.32	6.84
最高占用费率	9.7	9.8	9.7	9.4	8	9.6	9.6	9.6	—	—
最低占用费率	5	5	5	5.75	6	5	5	5.5	—	—

资料来源：宁夏扶贫办村级互助资金管理中心数据整理。

　　村级互助资金的占用费率参照银行利率并实现浮动也是为了实现其可持续发展和贫困瞄准的要求。目前互助资金的占用费率水平是可以被农户所接受的。如果采取低占用费率的运作模式，可能会使一部分原本可以从正规金融机构获得贷款的较富裕农户，也优先考虑从互助资金借款，以减少利息支出，获得更大收益。

　　互助社的利率市场化是实现其可持续发展和贫困瞄准的要求，而且目前互助社的利率水平是可以被农户所接受的。然而，从调研中对互助社管理人员的访谈情况来看，一部分管理人员仍然将互助社看作一个扶贫项目，并理所当然地认为应该设定较低的借款占用费，这样才能够体现扶贫宗旨。事实上，可以推测部分管理人员此番言论背后存在"权力寻租"动机。在部分样本社，由于采取政府配股以及低占用费率的运作模式，使那些原本可以从正规金融机构获得贷款的富裕农户，也优先考虑从互助社借款，以减少利息支出，获得更大收益（调研中发现，在绝大多数贫困村中，部分条件较好的农户都能够从当地的农村信用社获得额度较大的信贷资金），而正是这种利益驱动，使得互助社借款资源分配出现了"寻租"的可能（高杨，2014）。

4.2.2.3　村级互助资金借款用途

　　宁夏村级互助资金主要集中在养殖业（肉牛、滩羊）、种植业（马铃薯、枸杞、蔬菜、葡萄、硒砂瓜、苗木种），以及小作坊、小加工和商业零售业，很大程度地促进了贫困地区优势特色产业发展和入社农户大幅增收。如表 4 – 11 所示，宁夏互助资金主要用于种植业和养殖业，其中，

2009～2013 年互助资金用于种养殖业占比高达 85%～90%。这与互助资金的政策初衷要求用于生产是一致的。只有用于发展生产，才能更好地实现增收减贫的目的。

表 4－11　　　　　　　　　　村级互助资金借款用途

行业	项目	2009 年	2010 年	2011 年	2012 年	2013 年
种植业	总额（万元）	6199	13705	23060	42157	57031
	占比（%）	43.03	44.42	43.17	47.91	45.84
养殖业	总额（万元）	6736	11887	21952	37677	48886
	占比（%）	46.76	38.52	41.10	42.82	39.30
加工业	总额（万元）	0	1846	2524	666	2946
	占比（%）	0	5.98	4.73	0.76	2.37
商业及运输业	总额（万元）	499	635	2464	3180	8177
	占比（%）	3.46	2.06	4.61	3.61	6.57
其他	总额（万元）	972	2784	3415	4318	7360
	占比（%）	6.75	9.02	6.39	4.91	5.92
合计	总额（万元）	14406	30856	53415	87998	124400
	占比（%）	100	100	100	100	100

资料来源：宁夏扶贫办村级互助资金管理中心数据整理。

4.2.2.4　村级互助资金的收益分配

互助资金向社员提供借款，收取占用费，从而获得一定收益，这部分收益分配如下：

（1）管理费即运行成本。主要用于互助资金的办公费和管理人员误工补助等支出。

（2）风险补偿金。为了提高还款率，从互助资金的占用费率中提取一定的比例作为风险补偿金，并与保险公司签订小额意外伤害保险，用部分风险补偿金为农户缴纳人生意外伤害保险。

（3）公积金转入本金。公积金扩大互助资金的规模，用于吸纳新项目户、扶持贫困户和鼓励先进项目户发展生产。

（4）公益金。主要用于扶持贫困户或村内的公益事业。

　　宁夏开展村级互助资金试点较早，自治区政府支持力度较大，其资金规模也较大，占用费分配比例因资金规模不同而不同（见表 4 - 12）。管理费分配上比例较少，但是由于其资金规模的影响，村干部所得报酬基本能够抵消其误工费，有的还略有盈余，这极大地提高了其在此项目的积极性，对互助资金项目的可持续发展有较大的积极影响。

表 4 - 12　　　　　　村级互助资金占用费率的分配比例　　　　　　单位：%

资金规模	管理费	风险准备金	公积金	公益金
100 万元以下	40	20	20	20
100 万元以上	35	22.5	22.5	20

资料来源：宁夏扶贫办村级互助资金管理中心。

　　与扶贫贴息贷款相比，互助资金在利益分配方面更有利于全体村民，所有的收益都留在本社区内部，作为管理人员的工资或用于壮大本金，从而减少了农村资金的外流，提高了社员参与的积极性。

4.2.3　管理组织架构

　　村级互助资金能否实现减贫目标在很大程度上依赖于管理组织架构。管理架构分为外部管理架构和内部管理架构两种，不同管理主体有不同的激励、偏好、风险和成本考虑，目标追求和行动逻辑也不尽相同。不同管理主体的行动逻辑组合最终决定了互助资金能否发挥减贫作用。互助资金是由政府引导建立后，在社区内运行，控制权主要在互助资金管理层，由社员共同监督。

4.2.3.1　外部管理架构

　　村级互助资金是由国务院扶贫办联合财政部发起的，财政部负责投入本金，扶贫办负责管理。为了探索扶贫项目精细化管理和分类指导的途径及方法，国务院开发司委托国务院扶贫办外资项目管理中心于 2012 年 7 ~ 10 月，主要依据《国务院贫困村互助资金指导意见》，对全国已开展互助社试点的 28 个省（市、区）中所有 2011 年底前启动的资金互助社进行分级评估，并根据评估结果将互助社分为 A 至 E 五类。其中，贫困户入社率达到 50% 以上，农户受益面大。贫困户借款达到当年借款户 40% 以上。

只有达到这两个指标，才能评为 A 级。

村级互助资金采取的是独立运作的管理模式，县级扶贫部门和乡政府的监督和指导下开展借贷业务（见图 4 - 3）。扶贫部门主要包括各省及下属县（市）的扶贫办，是互助资金的业务主管单位，负责对互助资金的制度执行情况、业务技术、财务等进行日常性监督、培训和协调。作为政府职能部门，一方面，要按照政府指导要求完成相应的工作任务的绩效考核；另一方面，也要考虑自身的成本支出，职能部门自身也可能具有社会责任，三者共同决定了政府职能部门工作的努力程度。绩效考核分为两个层次，首先，是对职能部门的绩效考核；其次，是对互助资金（财政扶贫资金）的绩效考核。在实践中，是否把互助资金的运行效果纳入职能部门的常规考核中是影响职能部门工作努力程度的重要因素。考虑这两种情况：第一种情况，没有把互助资金运行效果纳入绩效考核，则缺少工作激励，总体决策倾向少支出运行成本（时间和经费投入），而对互助资金的运行管理主要依靠职能部门功能定位的社会责任和政治投机；第二种情况，把互助资金运行效果纳入绩效考核，就会构成正式激励、运行成本投入和社会责任的共同发挥作用。而对互助资金运行效果的考核首先考虑的是安全性，然后是利用效率，职能部门既可能处于资金安全考虑在互助资金运行初期不鼓励大规模发放借款，也可能处于效率和政绩考虑而鼓励较多农户参与互助资金项目并借贷发展生产。

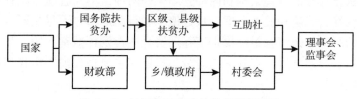

图 4 - 3　村级互助资金的外部管理架构

村委会是乡村治理最核心的主体，在互助资金项目运行管理中也发挥了同样的核心作用。大部分互助资金是由村委会主导的，即以村委会成员为班底组建互助资金运行管理的理事会在这种模式下，村委会成员以个人身份参与互助资金的运行管理，实际上是把互助资金作为村委会工作内容之一。那么在这种情况下，村委会需要考虑的包括来自政府职能部门的行政要求、自身的投入偏好（投入时间、精力）、互助资金运行的安全性、激励（基于寻租空间、社会威望、政治追求）、责任。村委会最终采取怎样的工作努力程度和工作方式，既受到村委会主要成员的个体素质影响，也受到政府职能部门的工作努力程度影响，同时也与农村社区固有的治理格局密不可分（高杨，2014）。

4.2.3.2　内部组织架构

村级互助资金内部治理结构由社员代表大会、理事会和监事会共同构成（见图4－4）。社员代表大会是互助资金的核心机构，社员通过代表大会参与互助资金的管理；社员大会负责选举产生理事会及监事会成员；理事会负责全面工作，组织成员积极参加培训和会议等活动，负责互助资金安全规范管理，整理会议记录等；会计和出纳则在理事长领导下，主要负责财务管理工作；监事会负责开展监督工作，一方面监督本社成员按照章程制度借款和还款；另一方面监督理事会依照章程和其他规制管理和运行互助资金。

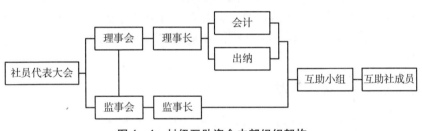

图4－4　村级互助资金内部组织架构

宁夏问卷调查资料显示，所有村级互助资金都设立有社员大会、理事会和监事会这"三会"。其中，理事会和监事会成员均由社员大会民主选举产生，调研中发现成员都是村委委员，这种权力集中的形式既有优点也有缺点。

社员大会负责对互助资金的重大决议进行表决和公示，例如，社员入社情况、互助金额度、借还款信息和效益等情况。尽管互助资金归全体村民所有，实行自我民主管理，而实际上其日常的管理运行工作都是由社员选举出来的理事会负责，因此互助资金能否成功运作在很大程度上取决于理事会的公正性和管理能力。理事会一般由理事长、会计和出纳等3～5名成员组成。尽管理论上理事会由社员大会选举产生，但是在宁夏几乎所有的互助资金管理职位都由村两委成员担任。监事会中存在与理事会人员重叠的现象，难以发挥其正常的监督作用。尤其在借款占用费率低的互助资金，监事会的虚置易导致"信贷寻租"现象的出现。各级扶贫办、村委会、理事会、农户的集体行动逻辑和交互影响决定了在社区层面互助资金能否持续、有效地发挥作用。

扶贫贴息贷款是多头管理，除了商业银行外，扶贫办、财政局、基层政府部门（乡政府）都有责任和义务。项目由政府部门确定，贴息期限由财政部门确定，贷款金额由商业银行确定。管理部门越多，权责越不分明。

4.2.4　风险管理

信贷市场最大的风险就是违约风险，到期无法按时还款。村级互助资金虽然运用小额贷款和联保贷款及社区社会资本等机制来保证违约风险，但仍然存在系统性风险。随着互助资金借款业务量以及借款覆盖面的扩大，个别借款拖欠可能会造成大面积逾期还款，互助资金也无法长期持续运行。因此，对拖欠的零容忍是互助资金运行中必须坚持的态度，只有互助资金具有对拖欠零容忍的态度，其运行最终才有可能实现零拖欠的目标。

4.2.4.1　风险监督体系

村级互助资金监管体系分为外部和内部风险监管体系。互助资金的运行过程中，各个相关主体都承担一定的监督作用。宁夏各级扶贫办都专门设立互助资金管理中心，运用贫困村互助资金管理系统软件①进行自动化监督管理。省扶贫办互助资金管理中心除了负责下达财政投入计划直接到县级外，要求各县扶贫办互助资金管理中心按期报送财务财务数据和评级数据②，还定期进行现场监督检查，对评为 A 类的互助资金给予一定的资金奖励，增加财政投入，扩大互助资金的规模。县扶贫办按照省扶贫办要求依次监管乡（镇）扶贫部门，最终直到村庄层面。内部监管主要由社员大会、监事会、理事会、互助联保小组和社员组成（见图 4 - 5）。

---

① 村级互助资金管理系统是由国务院扶贫办专门开发，全国联网的村级互助资金自动化监管平台。

② 宁夏村级互助资金评级是根据各个村庄村级互助资金的运行状况从优到差分为五级，分别是 A 级优、B 级良、C 级合格、D 级需要整改、E 级退出。

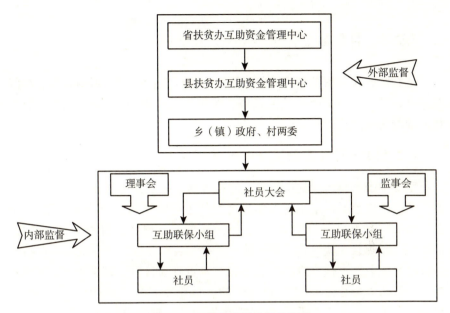

图 4 - 5　互助资金风险监管体系

4.2.4.2　小组联保机制

为了减少违约风险，互助资金除了利用风险补偿金为社员缴纳人生意外伤害保险来分散风险之外，主要是通过小组联保模式来实现内部风险监管。

联保模式是国际小额信贷机构的经典贷款模式，一般是指由 5 个人自愿组成一个小组，小组成员肩负有连带还款责任，5 ~ 6 个小组成为一个中心组。在互助资金试点过程中，宁夏各县采用的模式略有差异。有些互助小组在组成上，相对比较松散，多数为临时性互助联保小组，一轮借款结束后，自动解散，下一轮借款时再重新组织。此外，盐池县互助资金 5 户联保机制出现随着互助资金运转年限的增长逐渐淡化的趋势。例如，盐池县王乐井乡曾记畔村目前多数互助小组内均为 5 户同时借款，而且有些联保人为非社员。相比之下，同心县 5 户联保机制实行得相对比较规范，而且联保人均为已缴纳互助金的社员。

扶贫贴息贷款项目由政府扶贫部门确定，贴息期限由财政部门确定，贷款金额由商业银行确定，商业银行发放扶贫贷款要求抵押和担保，来减小贷款难以收回的风险。

4.2.5 目标瞄准管理

把有限的扶贫资源精确瞄准贫困人口，可以提高反贫困的效率。村级互助资金从三个层面瞄准贫困人口，首先瞄准贫困县，其次瞄准贫困村，最后瞄准贫困人口。

4.2.5.1 村级互助资金瞄准贫困县

宁夏中南部作为宁夏扶贫开发的主战场，由于其地理环境恶劣，资源匮乏经济发展落后，是宁夏大部分贫困村庄的聚集地。2013 年宁夏 23 个县（市、区）互助资金 1120 个项目，其中，原州区、西吉县、隆德县、泾源县、彭阳县、盐池县、同心县、红寺堡区和海原县 9 个扶贫重点县有项目村 897 个，占整体的 80%，非扶贫重点县项目村为 223 个，占整体的 20%；互助资金总受益农户 133584 户，其中扶贫重点县受益农户 94942 户，占比为 71%；互助资金总规模和累计借款规模分别为 52331 万元和 146423 万元，其中扶贫重点县占 37132 万元和 102516 万元，这两个指标中扶贫重点县也分别占 70% 以上。所以宁夏互助资金项目明显集中在 9 个扶贫开发重点县，宁夏中南部多于北部地区，这也说明互助资金向中南部贫困地区倾斜（见表 4 - 13 和表 4 - 14）。

表 4 - 13　　　　　2013 年村级互助资金运行情况汇总（一）

序号	县（市、区）	互助资金项目村数	总户数（户）		社员户数（户）		互助资金规模（万元）			累计发放借款（万元）
			合计	贫困户	合计	贫困户	合计	政府投入	其他资金	
1	原州区	117	45208	15071	15366	8021	5425	3564	1861	15749
2	西吉县	111	34311	10433	9190	5491	4017	2709	1308	8846
3	隆德县	88	27216	8129	6777	3511	2895	2124	771	6812
4	泾源县	90	18918	6850	6396	3978	3222	2249	973	10494
5	彭阳县	91	34406	12221	12077	8174	2498	1996	502	8500
6	盐池县	97	37295	12881	8136	4881	4335	2650	1685	14428
7	同心县	144	46654	16881	18815	11429	8253	6005	2248	19086
8	红寺堡	51	31074	15194	6069	4574	2725	2112	613	9375

续表

序号	县（市、区）	互助资金项目村数	总户数（户）		社员户数（户）		互助资金规模（万元）			累计发放借款（万元）
			合计	贫困户	合计	贫困户	合计	政府投入	其他资金	
9	海原县	108	44696	33545	12116	6759	3762	2840	922	9226
10	沙坡头区	62	21757	7359	3842	2625	2627	1870	757	7415
11	中宁县	34	19061	7521	5925	2428	1525	1045	480	5798
12	吴忠市属	5	1347	945	808	544	368	195	173	1312
13	利通区	10	4689	1114	2973	1144	816	500	316	2064
14	青铜峡	5	2578	1015	2066	1253	629	270	359	633
15	平罗县	8	4567	2237	1334	770	290	200	90	523
16	隆湖	8	9141	600	3212	2067	417	250	167	871
17	灵武市	20	5456	3142	3821	2863	1464	580	884	5226
18	永宁县	14	8941	4157	3499	2440	1883	1005	878	4031
19	贺兰县	5	4958	1574	1964	1122	743	275	468	2141
20	西夏区	13	6856	2707	3085	1991	1208	790	418	4295
21	金凤区	13	4697	1878	2818	1830	1384	789	595	3896
22	兴庆区	8	2475	430	1485	1029	817	240	577	3117
23	农垦	18	7129	1187	1810	1226	1027	550	477	2585
	总计	1120	423430	167071	133584	80150	52331	34808	17523	146423

资料来源：根据宁夏扶贫办提供的数据整理所得，截至2013年12月。

表4-14 2013年村级互助资金运行情况汇总（二）

项目	互助资金项目村数	总户数（户）		社员户数（户）		互助资金规模（万元）			累计发放借款（万元）
		合计	贫困户	合计	贫困户	合计	政府投入	其他资金	
扶贫重点县合计数	897	319778	131205	94942	56818	37132	26249	10883	102516
扶贫重点县占比（%）	80.09	75.52	78.53	71.07	70.89	70.96	75.41	62.11	70.01
非扶贫重点县合计数	223	103652	35866	38642	23332	15198	8559	6639	43907

续表

项目	互助资金项目村数	总户数（户）		社员户数（户）		互助资金规模（万元）			累计发放借款（万元）
		合计	贫困户	合计	贫困户	合计	政府投入	其他资金	
非扶贫重点县占比（%）	19.91	24.48	21.47	28.93	29.11	29.04	24.59	37.89	29.99
总计	1120	423430	167071	133584	80150	52331	34808	17523	146423

资料来源：根据宁夏扶贫办提供的数据整理所得，截至 2013 年 12 月。

4.2.5.2 村级互助资金对贫困村和贫困户的识别

项目村的选择采取两阶段法。第一阶段，确定候选村的标准。贫困家庭比例高、自然村数量多、居住分布及户数规模具有代表性，农户有发展生产的能力和意愿以及村两委健全、村干部有能力、有责任心且支持设立互助资金等为主要标准。第二阶段，要求候选村陈述其方案。具体包括村庄的贫困水平、发展机会和村委会支持。要求自然村 80% 的家庭支持，且社区有能力建立起互助资金并制定自我管理规则。在互助资金试点过程中，宁夏政府对全区 9 个扶贫开发重点县（区）的 1400 多个贫困村进行了深入调查，掌握贫困村现实状况并分类排队。在深入调研的基础上，采取自下而上的审查确定的方法，选择资源条件、经济基础较好、特色产业突出的村庄；群众具有较强的发展愿望、发展潜力和对发展资金的迫切需求；村风良好、民风淳朴、诚信度高以及村两委班子团结务实、凝聚力强的正在实施整村推进和新农村建设的贫困村，确定为互助资金试点村。

互助资金服务对象是本村农户，重点扶持对象是处在贫困线以下的、具有劳动能力、诚信的、具有偿还能力的贫困农户。互助资金希望通过金融手段，增加有劳动能力贫困者的人均收入水平，提高贫困户自我积累、自我管理、可持续发展的能力。具体的贫困户识别是在原有"建档立卡"贫困户名单的基础上，由各试点村的村两委负责对贫困户进行甄别，尽量鼓励有劳动能力，不在低保和五保范围之内的贫困户全部入社。从 2011 年开始，宁夏开始要求所有试点村都要对低收入社员重新建档立卡，试点县扶贫办要有完整、规范的低收入农户档案。同时，建立对这些农户支持发展的方案，这或可成为互助资金实现对贫困户"精准识别"的良好开端。

　　表 4 - 15 比较了农户入社率和贫困户的入社率。农户的入社率平均在 30% 左右，贫困户的入社率波动大，有些年份 30%，还有些年份高达 60% 以上，总体看贫困户的入社率高于普通农户。

表 4 - 15　　　　　　2006 ~ 2015 年贫困户参与村级互助资金的情况

年份	累计试点村数（个）	试点村总户数（户）	贫困户户数（户）	社员户数（户）	农户入社率（%）	入社贫困户（户）	贫困户入社率（%）
2006	10	2929	827	951	32. 47	188	22. 73
2007	35	12088	3991	3396	28. 09	2721	68. 18
2008	107	30156	11868	8306	27. 54	4230	35. 64
2009	427	174434	118308	42920	24. 61	34684	29. 32
2010	769	304165	258379	83878	27. 58	70296	27. 21
2011	969	369165	274410	95244	25. 80	78822	28. 72
2012	1102	373990	158544	130000	34. 76	95211	60. 05
2013	1120	390568	167071	133584	34. 76	97643	58. 44
2014	1250	450641	213006	110954	24. 62	71301	33. 47
2015	1118	460710	198224	128317	27. 85	60260	30. 40

　　注：贫困户入社率 = 入社贫困户户数/常住贫困户户数；农户入社率 = 入社农户数/常住农户数。

　　资料来源：根据宁夏扶贫办提供的数据整理。

　　相比较而言，扶贫贴息贷款涉及政府各级扶贫部门、正规商业银行和各级财政部门，采用自上而下的供给机制，扶贫贷款由承贷银行发放，但贷款对象由扶贫部门决定，贴息由财政部门负责。由扶贫部门来确定贷款对象，政府为了实现减贫目标，会"嫌富爱贫"，一方面会导致服务供给和需求不匹配；另一方面也难以避免寻租行为；如果由承贷银行来确定贷款对象，也会出现"嫌贫爱富"的现象。两者目标矛盾一直以来是我国扶贫贴息贷款使用效率不够高的主要原因。作为扶贫对象的农户尤其是贫困农户的真实需求得不到有效表达，而且由于扶贫项目的财务可持续性和贫困覆盖面呈负相关关系，如果追求财务可持续，势必会使贫困覆盖面下降。由于扶贫贴息贷款的本金是来源于商业银行，由商业银行承贷，追求营利性的商业银行的本性要求，所以会使扶贫贴息贷款的贫困瞄准偏移。

而互助资金主要来源于财政，资金成本低，不要求盈利，所以贫困目标瞄准较好。

4.3 扶贫贴息贷款和村级互助资金运行中存在的问题

4.3.1 扶贫贴息贷款运行中存在的问题

扶贫贴息贷款在运行中主要缺乏相应的激励机制。扶贫办、乡政府村干部都不积极。扶贫贴息贷款是由县扶贫办下达指导性计划，也未配套相应的工作经费，具体组织协调贫困农户贷款、审核贴息对象资格、办理贴息资金发放等许多复杂繁重的基础性工作都是乡镇人民政府负责，部门协调难，乡镇畏难情绪较重。

扶贫贴息贷款未列入对各乡镇人民政府年度目标考核，大部分乡镇党政领导没有充分重视这项工作。由于乡镇办理贴息拖拉迟缓，贴息资金迟迟不能到达贷款农户手中，也影响了贫困农户贷款的积极性。另外，宣传发动工作不到位，乡村贫困农户对有关政策没有达到广泛了解。在调研中发现大多数农户不知道扶贫到户贴息贷款的有关政策。

4.3.2 村级互助资金运行中存在的问题

目前在宁夏贫困地区，部分互助资金在运行依然存在如下几个主要问题。

（1）发放和回收借款的方式单一。宁夏多数互助资金采用一次性发放和回收借款的方式，虽然简化了管理，但往往与农户的实际需求脱节，农户需要时没有钱借，不需要时也不得不借，资金不能滚动运转，降低了资金使用效率。对于互助资金管理人员来说，他们只是在年初和年终时发放和回收一次借款。对于农户来说，这种方式很难发挥互助资金的互助合作功能，除部分有机会入社的农户可以从中借款以外，很多非社员认为互助资金与自身的利益并没有太大相关性，参与和关注的积极性较低，互助资金在他们眼里更像一个村里"政府扶贫资金成立的便宜银行"，而不是一个与自身利益休戚相关的"民有、民享、民受益"

的资金互助合作组织。

（2）吸引力在部分村庄有所下降。近年来，农民收入逐步提高，加之物价上涨等因素影响，互助资金含金量明显"缩水"。一些农户认为互助资金已成"鸡肋"，每户最高贷款5000元起不了多大作用，放弃又有点可惜。农户说，实际上5000元中还有1000元属于农户的配股资金，所以每年农户相当于只能贷到4000元，按照现在的物价，一头小牛的成本也近4000元了，一只小羊羔需要资金约为800元，4000元仅能买到五只小羊羔，这明显无法满足农民发展生产需求。

据吴忠市青铜峡市扶贫办相关负责人介绍，和山区农民发展养殖不同，青铜峡市属于川区，农户多种植苹果、葡萄等经果林，这投资相对较大，周期较长，5000元的额度更显不足。由于含金量下降，一些农户对互助资金兴趣不大，或要求退股，或干脆闲置不用等待政策调整，而一些农户则将亲朋好友闲置不用的互助资金集中使用，进行"二次互助"。

（3）财政资金使用过程中的资金周转率较低，有较多的闲置资金。宁夏村级互助资金周转率比较低（见表4-16），最低一年周转率为0.3次，最高也只有0.78次，部分地方平均两年周转一次，资金的使用效率有待提高。根据调研显示，可能的原因是：一部分地区没有产业支撑，只能将互助资金用于生活应急；并且，互助资金的借款额度太小，前期还必须缴纳一定比例的入社本金；此外，考虑到不同类型农业生产的周期性特点，种植业生产周期一年，如果遇到自然灾害，有可能无法按时还款；养殖业生产周期至少两年，互助资金还款周期较短的特点显然与上述农业生产的长周期、季节性不相符，进一步降低了农户借款的积极性。

表4-16　　　　　　　　　　村级互助资金扶持力度

年份	平均单笔借款规模（元）	互助资金周转率（次/年）	户均互助资金财政资金规模（元）	户均互助资金借款金额（元）	户均互助资金规模（元）
2006	1507	0.3	683	273	898
2007	2943	0.34	579	272	804
2008	2872	0.61	582	544	888
2009	3651	0.78	588	708	910
2010	2880	0.55	630	541	992
2011	4152	0.61	645	611	1010

年份	平均单笔借款规模（元）	互助资金周转率（次/年）	户均互助资金财政资金规模（元）	户均互助资金借款金额（元）	户均互助资金规模（元）
2012	3813	0.73	821	925	1262
2013	4130	0.67	888	888	1335
2014	5174	0.67	959	951	1419
2015	6405	0.72	1122	1152	1596

注：平均单笔借款规模＝借款金额/借款户次；互助资金周转率＝当年互助资金借款金额/互助资金总规模；户均占有互助资金财政资金规模＝财政资金/试点村总户次；户均互助资金借款金额＝当年借款金额/试点村户次；户均互助资金规模＝累计互助资金总规模/试点村数。

资料来源：宁夏扶贫办村级互助资金管理中心数据整理计算。

与此同时，在各地互助资金的实际运行过程中，除了运行机制本身的一些影响外，还受制于当地村委会管理方面因素的制约。例如，当村委会换届后，原先的村干部落选也会影响到资金的回收。有些村干部的责任意识较为模糊，害怕承担风险，不愿意发起本村的互助资金，从而限制了当地互助资金的发展壮大。

最后，贫困地区农户的还款意识有待提高。现实中，存在很大一部分贫困农户错误地认为扶贫资金是国家拨付，可以无偿使用，出现了一些恶意违约的现象。降低了互助资金的使用效率。围绕这些问题，各级地方政府在发展互助资金的过程中应当有意识地将培育和发展互助资金与地方特色产业结合起来，在出台明确的规范互助资金管理办法的同时，还要引导村干部树立责任意识、鼓励村集体发展互助资金，同时加大宣传力度，提高农户对互助资金和国家相关扶贫政策的认知程度，鼓励借款农户按时还款，保障互助资金可持续运行。

4.4　本章小结

本章分析了贫困农户扶贫贴息贷款的可获性和信贷约束程度，之后从资金来源、资金运用、管理架构、风险管理和目标瞄准五个方面比较分析了互助资金和扶贫贴息贷款的运行现状，并指出部分互助资金运行中存在的具体问题。

（1）贫困监测报告发现人均收入水平越低，贫困程度越高、资金越紧缺的贫困户，越难获得贷款，更难以获得扶贫贷款。最低收入组和中等偏下收入组农户贫困约束程度最高。

（2）从资金来源分析，村级互助资金和扶贫贴息贷款的财政投入和资金成本具有一定的可比性。互助资金资金来源和扶贫贴息贷款的利息补贴都是来源于政府财政投入。互助资金是财政资金通过合作金融方式运行，而扶贫贴息贷款是财政资金通过商业金融运行，由于商业银行本身要有营利性，对扶贫贴息贷款也要求效率和安全，所以扶贫的政策性目标和商业银行的营利性目标相矛盾，这是我国扶贫贴息贷款使用效率不够高的主要原因。而互助资金不要求盈利，互助资金通过借款条件、借款金额和借款期限等严格规定，并利用各级扶贫办、互助资金管理中心、社员共同监督，实现外部和内部组织管理、风险管理以及贫困目标瞄准管理实现覆盖更多贫困户的目标。

第 5 章

村级互助资金与扶贫贴息贷款的
贫困瞄准实证分析

  减贫效果的评估是政界和学界对中国农村贫困问题长期关注的焦点。传统金融扶贫主要通过扶贫贴息贷款制度惠及贫困人口，然而扶贫贴息贷款的减贫效果一直以来广受质疑。学者们普遍认为传统金融扶贫方式所带来的收益，尤其是补贴收益主要被当地的"精英"所攫取，并没有达到预期的减贫目标（Gonzalez - Vega，1984；Hoff and Stiglitz，1990；Buttari，1995；Martins and Villanueva，2006）。一般而言，扶贫效果的好坏取决于政府部门所采用的扶贫政策（或一些典型的扶贫模式）能否"瞄准"贫困，即是否运用到了真正贫困的人群身上。只有确保上述政策措施、扶贫模式真正"瞄准"贫困，才有可能从根本上消除贫困，继而最终实现脱贫的目标。

  第 3 章和第 4 章分别从理论和实践两个层面分析了村级互助资金和扶贫贴息贷款的减贫机制和运行现状。与扶贫贴息贷款相比，在相同的财政资金投入成本下，互助资金能够以较低的运行成本实现更加准确的贫困农户目标瞄准。在此基础上，需要进一步由微观到宏观的实证检验，分析与扶贫贴息贷款相比，互助资金减贫效果是否更加显著。第 5 ~ 7 章是从微观到宏观的实证推进。

  本章主要从微观层面实证比较分析互助资金与扶贫贴息贷款的贫困瞄准（陈清华等，2016）。通过分析农户是否参与使用互助资金以及参与使用互助资金的金额和次数，进而分析收入水平是否显著影响农户参与使用互助资金。如果是，是哪一部分的农户更多地参与和使用了互助资金。如果收入水平越高的农户，参与使用互助资金的程度多，那么互助资金的目标客户可能上移；如果收入水平越低的农户，参与使用互助资金的程度多，那么互助资金的目标客户可能下移。同时与扶贫贴息贷款相比，比较两者在目标客户上是否存在着差异。

互助资金具有明确的扶贫目标，是专门为了解决贫困群体融资困境、提升贫困群体发展能力的扶贫模式（刘西川等，2014）。它能否克服传统金融扶贫方式的弊端，下沉服务目标，提高扶贫的准确度？这一问题成为近年来扶贫研究领域的焦点问题之一。有研究指出，互助资金之所以能够达到较好的扶贫效果，根本原因在于互助资金能够将原先农户手中小额、零散的资金聚拢过来，按章程实现资金在社内的重复、滚动使用。同时，这一扶贫模式相比传统的扶贫方式而言可以更显著地放大财政扶贫资金的经济效益，进一步提高了对贫困人群的"瞄准"精度（高杨和薛兴利，2013；杨龙和张伟宾，2015）。有学者进一步研究发现，贫困农户在互助资金使用程度上远低于其他非贫困农户，且贫困程度越深的农户，获得互助资金的概率越低。现实中，即使贫困农户想要积极生产，也具备一定的劳动力发展生产经营，但其信贷的可获得性始终较低，尤其是对那些极端贫困的农户而言，几乎没有获得信贷资金支持的可能性。这意味着互助资金这一创新扶贫模式在实际运行中也可能存在着贫困瞄准偏差的问题（汪三贵等，2011；林万龙和杨丛丛，2012；刘西川，2012；李金亚和李秉龙，2013）。

本书基于已有研究，拟通过更加全面和翔实的实地调查数据，并结合互助资金缓解贫困机制的理论探讨对上述问题做进一步的剖析。数据来源于宁夏 11 个县 29 个村庄 492 个农户的实地调研。宁夏是中国最为重要且最典型的少数民族贫困地区之一，通过对这一地区互助资金减贫效果的检验，对其他地区的扶贫攻坚同样具有一定的指导意义，所提及的政策建议相对而言也更具有针对性和科学性。此外，宁夏是第一批进入互助资金试点的地区，但是缺乏相关的研究，因此研究结果也可为当前互助资金是否存在扶贫目标瞄准问题提供进一步的实证证据。为了使研究结论更加科学合理，首先对贫困户进行明确界定。借鉴国务院扶贫办 2014 年建档立卡工作方案中贫困户的识别标准[①]，结合被调研地区的实际情况，本书将人均收入水平小于或等于 3000 元的农户作为贫困农户。在此基础上，运用 Heckman 两阶段样本选择模型，实证检验了互助资金瞄准贫困的准确度及农户参与的影响因素。

---

①　以 2010 年不变价格 2300 元为标准，考虑经济增长和物价水平，把 2014 年人均纯收入 3000 元以下的农户界定为贫困户。

5.1 描述性分析

5.1.1 数据来源

（1）数据主要来源于宁夏贫困村 655 户农户的实地抽样调查（见表 5 - 1）。在剔除非试点村农户后，试点村农户总计 492 户。其中社员 289 户，非社员 203 户。宁夏北部川区、中部旱区、南部山区的样本比例分别占到了 30.7%、31.5%、37.8%。从样本分布和抽样的科学性上来看，本书的样本具有省级代表性。

表 5 - 1　　　　　　　　　　　样本分布特征

地区	包括县（区）	所有村数	试点村数	非试点村数	非试点农户 合计	非试点农户 社员	非试点农户 非社员	非试点村农户	所有农户
南部山区	5	15	11	4	186	100	86	83	269
中部干旱	6	15	11	4	155	99	56	80	235
北部川区	2	7	7	0	151	90	61	0	151
合计	13	37	29	8	492	289	203	163	655

资料来源：宁夏农户微观调查数据。

（2）村级互助资金运行数据和扶贫贴息贷款数据。主要来源于宁夏扶贫办及互助资金管理中心提供的历年互助资金运行基本情况汇总及扶贫贴息贷款情况。

5.1.2 农户参与和使用村级互助资金程度的描述分析

5.1.2.1 村级互助资金借款金额和借款户数

如表 5 - 2 所示，互助资金当年发放借款金额逐年增加，到 2015 年为 53086 万元。贫困户借款金额波动较大，但平均在 50% 左右。在 2006 ~ 2015 年，发放互助资金总额达到了 215303 万元，其中贫困户累计的借款占到了一半以上。

表 5 – 2　　　　　　　　　　2006～2015 年互助资金借款金额

年份	当年借款（万元）	当年贫困户借款（万元）	贫困户借款比例（%）	累计借款（万元）	累计贫困户借款（万元）
2006	80	40	50	80	40
2007	329	182	55.38	408	222
2008	1641	874	53.25	2049	1096
2009	12357	10309	83.43	14406	11468
2010	16450	13295	80.82	30856	24700
2011	22559	5420	24.03	53415	30120
2012	34602	22984	66.42	87998	53191
2013	34700	21140	60.92	124400	74809
2014	42853	28466	66.43	162218	105773
2015	53086	22860	43.06	215303	128633

资料来源：宁夏扶贫办村级互助资金管理中心数据整理计算。

如表 5 – 3 所示，互助资金借款户次逐年增加，到 2015 年达 82881 户，其中贫困户达 37158 户。贫困户历年借款户次比例在 50% 左右。2006～2015年十年累计借款户次 450503 次，贫困户累计借款户次达 292494 次。

表 5 – 3　　　　　　　　　　2006～2015 年互助资金借款户次

年份	当年借款户次	当年贫困户借款户次	贫困户借款户次比例（%）	累计借款户次	累计贫困户借款户次
2006	531	300	56.5	931	600
2007	1118	882	78.89	1649	1182
2008	5714	2806	49.11	7363	3988
2009	33849	25420	75.1	41212	29483
2010	57117	37531	65.71	98329	67014
2011	54336	25240	46.45	152665	92249
2012	90737	58089	64.02	222982	150338
2013	84027	51071	60.78	295471	201409
2014	82829	53927	65.11	360959	255336
2015	82881	37158	44.83	450503	292494

资料来源：宁夏扶贫办村级互助资金管理中心数据整理计算。

5.1.2.2　不同经济水平下互助资金的使用次数比较

农户参与和使用互助资金的程度包括两个层次，首先是参与，即加入资金互助社成为社员，其次是使用，即入社后获得互助资金借款。为了比较不同经济水平的农户在参与和使用互助资金程度上的差异，分别把样本农户按人均纯收入、家庭资产和人均消费支出从低到高排序后分为五组，其中最低组为最贫困组。

对不同收入水平的农户参与和使用互助资金行为差异分析发现（见图5-1），最低收入组和中低收入组的农户参与和使用互助资金程度最低，只有30%的农户使用过互助资金，在贫困人口占比较大的宁夏地区，这一比重显然并不理想。此外，人均纯收入最高组农户参加和使用互助资金的比例高达50%左右，进一步说明，收入水平较低的农户参加和使用互助资金的程度，要低于收入水平较高的农户。总体上看，收入水平相对较高的农户从互助资金借款中获益更多。

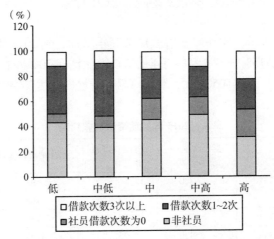

图5-1　不同收入水平的农户参与和使用互助资金程度

对不同家庭资产水平的农户参与和使用互助资金行为的差异分析发现（见图5-2），最低资产组农户参与和使用互助资金程度的比例不足一半，仅为40%。而其他组别农户参加和使用互助资金的比例基本维持在50%左右。此外，家庭资产水平最低的20%农户，没有入社的比例最高，参加和使用互助资金的比率最低。相反，中低和中等资产水平农户参与的比率最高。结合上文的分析，由于资产水平也是衡量一个家庭贫富情况的重要依据，因此上述数据同样预示着当前互助资金的发展过程中可能存在一定的目标偏移问题。

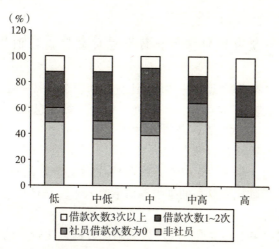

图5-2　不同资产水平的农户参与和使用互助资金程度

同理，人均消费支出不同的农户在参与和使用互助资金上也存在显著差异（见图5-3）。最低和中低组农户参与和使用互助资金的比例最低，仅在40%左右。相对而言，中等组农户使用比例最高，高达53%以上。基于上述分析可知，互助资金确实在一定程度上帮助了一部分贫困农户，但就目前而言，其对贫困农户的覆盖程度还有待进一步的提高。

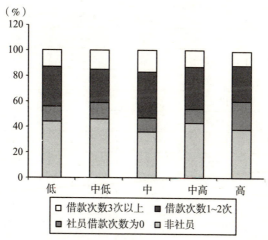

图5-3　不同消费水平的农户参与和使用互助资金程度

5.1.3 村级互助资金与扶贫贴息贷款覆盖面的比较分析

利用 655 户农户微观调查数据，比较互助资金与扶贫贴息贷款的贫困农户覆盖面。由表 5-4 可知，互助资金相比扶贫贴息贷款覆盖更多的低收入人群。（1）总体来看，获得互助资金借款的比例约为 34%，获得扶贫贴息贷款的比例约为 14%。（2）按收入五等分组比较，最低收入组中，互助资金借款的比例为 38.17%，获得扶贫贴息贷款的比例约为 8.4%。（3）互助资金借款比率最高的是中等偏下收入组，扶贫贴息贷款比率最高的是中等收入组。

进一步利用 492 户试点村农户微观调查数据，比较互助资金与扶贫贴息贷款的覆盖面，结果发现：（1）总体来看，获得互助资金借款的比例约为 45.33%，获得扶贫贴息贷款的比例约为 14.23%；（2）按收入五等分组比较，在最低收入组中，互助资金借款的比例为 49.49%，获得扶贫贴息贷款的比例约为 9.09%。（3）互助资金借款比率最高的是中等偏下收入组，扶贫贴息贷款比率最高的是中等收入组（见表 5-4）。

表 5-4　　　　　　　　村级互助资金和扶贫贴息贷款覆盖面的比较

收入分类	资金分类	项目	全样本		试点村样本	
			有借款	无借款	有借款	无借款
低收入	互助资金借款	户数	50	81	49	50
		占比（%）	38.17	61.83	49.49	50.51
	扶贫贴息贷款	户数	11	120	9	90
		占比（%）	8.4	91.6	9.09	90.91
中等偏下收入	互助资金借款	户数	53	78	51	47
		占比（%）	40.46	59.54	52.04	47.96
	扶贫贴息贷款	户数	23	108	14	84
		占比（%）	17.56	82.44	14.29	85.71
中等收入	互助资金借款	户数	40	91	37	61
		占比（%）	30.53	69.47	37.76	62.24
	扶贫贴息贷款	户数	27	104	25	73
		占比（%）	20.61	79.39	25.51	74.49

续表

收入分类	资金分类	项目	全样本		试点村样本	
			有借款	无借款	有借款	无借款
中等偏上收入	互助资金借款	户数	38	93	38	60
		占比（%）	29.01	70.99	38.78	61.22
	扶贫贴息贷款	户数	14	117	11	87
		占比（%）	10.69	89.31	11.22	88.78
高收入	互助资金借款	户数	42	89	48	51
		占比（%）	32.06	67.94	48.48	51.52
	扶贫贴息贷款	户数	14	117	11	88
		占比（%）	10.69	89.31	11.11	88.89
全样本	互助资金借款	户数	223	432	223	269
		占比（%）	34.05	65.95	45.33	54.67
	扶贫贴息贷款	户数	89	566	70	422
		占比（%）	13.59	86.41	14.23	85.77

资料来源：宁夏 655 户农户微观调查数据。

5.2　实证分析

5.2.1　模型构建与变量选择

5.2.1.1　模型构建

（1）构建 Heckman 两阶段模型分析参与使用村级互助资金的影响因素。本章借鉴已有研究，采用 Heckman 两阶段样本选择模型进行实证检验，分析影响农户参与及使用互助资金程度的因素。因为：首先，互助资金不是普惠制，只有 50% 的行政村设立互助资金，政府在设置试点村时不是随机的，而是有选择的。另外，农户是否参与和使用互助资金也存在自选择行为。其次，农户参与使用互助资金行为分为两个阶段，第一阶段是农户加入资金互助社成为社员，第二阶段是农户加入后获得互助资金借款。这两个阶段既有先后顺序又相互依赖，倘若采用普通的最小二乘法进行估计，而因为可能存在的样本选择偏误问题而使得模型的估计结果有偏。

第一阶段为选择方程，研究农户是否加入资金互助社的概率及影响因素。形式如下：

$$P_i^* = \alpha + \beta X_{il} + \lambda C_{il} + \varepsilon_i \quad 若 P_i^* > 0 \ 时，P_i = 1；否则，P_i = 0 \quad (5.1)$$

公式（5.1）中，P_i 表示农户参与互助资金决策，为二元变量，P_i^* 为 P_i 的潜变量。农户参与互助资金的行为是农户的内在需求和互助资金外部供给共同作用下的理性选择，所以在选择解释变量时从供给层面和需求层面两方面决定，将影响农户参与互助资金的影响因素归纳为四大类型（见表5－5），其中，X_{il} 表示影响农户加入互助资金的关键解释变量人均纯收入。C_{il} 相关控制变量，ε_i 是随机扰动项。

表5－5　　　　　　　　　　变量的定义、赋值及描述性统计

	变量名称及符号	变量赋值说明	均值	标准差	最小值	最大值
互助资金参与变量	是否是互助社社员（join）	1 = 社员；0 = 非社员	0.58	0.49	0	1
	互助资金借款金额（ln-mutualloan）	取对数	4.15	4.68	0	11.70
扶贫贴息贷款参与变量	是否获得扶贫贷款（ifp-loan）	1 = 有；0 = 无	0.14	0.34	0	1
	扶贫贷款金额（lnploan）	取对数	1.48	3.67	0	12.39
家庭基本特征变量	户主年龄（age）	岁	44.34	9.55	21.00	72.00
	是否是少数民族（islam）	1 = 是；0 = 否	0.46	0.50	0	1
	是否外出打工（work）	1 = 是；0 = 否	0.69	0.46	0	1
	户主受教育年限（education）	年	6.44	3.76	0	14.00
	劳动抚养比（laborratio）	（总人口 - 劳动力）/劳动力	1.26	0.95	0	6.00
家庭经济特征变量	耕地面积（land）	亩	15.59	16.04	0.00	100.00
	人均纯收入（lnpernetin-come）	取对数	8.73	0.82	5.26	12.03
	人均纯收入平方（lnper-netincome^2）	取对数后平方	76.84	14.18	27.67	144.62
正规金融服务可得性变量	是否受信贷约束（con-strain）	1 = 是；0 = 否	0.43	0.50	0	1
	离最近金融机构距离（distance）	里	9.85	7.29	0.37	40.00

变量名称及符号		变量赋值说明	均值	标准差	最小值	最大值
其他控制变量	农户对信贷扶贫的了解情况（know）	1 = 很不了解；2 = 不了解；3 = 较了解；4 = 了解；5 = 很了解	1.71	1.46	0	5.00
	政府宣传力度（govsupport）	1 = 积极宣传；0 = 不积极	0.33	0.47	0	1
	村庄贫困程度（poverty）	1 = 是；0 = 否	0.70	0.46	0	1

第二阶段研究农户入社后获得的借款金额的影响因素。即 $P_i = 1$ 的观测数据，估计农户从互助资金获得借款金额，模型的具体形式如下：

$$Y_{i2} = \eta + \delta X_{i1} + \varsigma C_{i2} + \mu_i \qquad (5.2)$$

公式（5.2）中，Y_{i2} 是第二阶段的被解释变量，X_{i1} 与公式（5.1）中相同，C_{i2} 是控制变量，μ_i 是误差项。理论上，Heckman 两阶段样本选择模型要求前一阶段的解释变量个数大于后一阶段的解释变量个数，且第二阶段的解释变量应包含于第一阶段中。并且，第一阶段中关键的选择变量只会影响第一阶段的被解释变量，而不会对第二阶段的被解释变量产生任何影响。基于此，本书在第一阶段的模型回归中，设置了一个影响是否参加互助资金的选择变量（工具变量），这一变量并不对第二阶段的参与程度产生任何影响。如果不这样做，λ_i 可能与向量 X_{i1} 的元素高度相关而出现多重共线性，本书使用"农户家庭劳动抚养比"作为识别变量。

（2）构建 Logit 模型和 Tobit 模型分析参与使用扶贫贴息贷款的影响因素。在参与使用扶贫贴息贷款的影响因素分析时，也运用 Heckman 两阶段样本选择模型，回归结果中的逆米尔斯比率没有通过显著性检验，不能使用该方法，所以改用 Logit 模型和 Tobit 模型。Logit 模型的被解释变量为是否使用过扶贫贴息贷款，取值 0 和 1，为二元变量。函数基本形式为：

$$P_i = F(Z_i) = \frac{1}{1 + e^{-Z_i}} \quad \text{其中，} Z_i = \zeta_0 + X_{i3}\zeta + \tau_i \qquad (5.3)$$

Tobit 模型的被解释变量为扶贫贴息贷款金额，关键解释变量为收入及收入的二次项，函数基本形式为：

$$Y^* = \alpha \ln \text{pernetincome} + X\beta + \varepsilon, \; Y = \text{Max}(0, y^*) \qquad (5.4)$$

公式（5.3）和公式（5.4）的解释变量与公式（5.1）相同。

5.2.1.2　变量选择

为了对比参与和使用互助资金和扶贫贷款的情况，本书借鉴已有的文献（汪三贵等，2011；李金亚和李秉龙，2013；杨龙和张伟宾，2015），结合研究目标，把影响农户参与和使用两者的影响因素归纳为四大类型。家庭基本特征包括户主年龄、是否是少数民族、户主受教育年限、是否外出打工和劳动抚养比；家庭经济特征即包括人均纯收入和耕地面积；正规金融服务的可得性包括是否受信贷约束和离最近金融机构距离；其他控制变量：互助资金和扶贫贷款的供给水平包括政府宣传力度、农户对信贷扶贫的了解程度和村庄贫困程度。

（1）被解释变量。首先，选取 4 个被解释变量来衡量农户参与和使用互助资金和扶贫贷款的程度：其一，是否加入互助资金，农户加入互助资金成为社员取值为 1，没有加入互助资金即非社员取值为 0。其二，互助资金借款金额，农户从互助资金累计获得借款金额并取对数。其三，是否获得了扶贫贴息贷款，如果获得，则变量取值为 1，否则取值为 0。其四，扶贫贷款金额，农户获得扶贫贷款的金额取对数。详细见表 5 - 5。

（2）解释变量。我们关注的重点是家庭经济水平对农户参与和使用互助资金程度的影响，选择的核心变量是农户人均纯收入和耕地面积。第一，人均纯收入与农户参与和使用互助资金的关系可能存在倒 U 形关系。根据前文对互助资金扶贫机制设置和扶贫项目逻辑分析，互助资金在限制最富裕农户参与的同时也会限制最贫困农户的参与。当人均纯收入水平从较低水平逐渐增加时，农户参与和使用互助资金的程度会增加。但是当人均收入水平超过某一个临界值时，随着收入的增加农户参与和使用互助资金的程度会下降。另外，为了减少异方差，同时取人均纯收入的对数及二次项作为关键解释变量。第二，根据调研发现，在贫困地区，即使耕地总面积很大，但由于这些地区气候干旱、土地贫瘠，产出率极低；总体上看，拥有上述类型的土地面积越大，家庭收入反而越小。

选择 2012～2014 年农户受正规金融机构信贷约束情况和家庭离最近的金融机构的距离两个变量来分析农户获得正规金融服务的情况。第一，受到正规金融机构信贷配给程度越高的农户，越有可能选择参与互助资金；但农户也可能会受到互助资金信贷约束，加入互助资金的概率变小。第二，贫困地区大多地处偏远，交通不便，为了获得正规金融机构的金融服务所需要消耗的时间成本和交通成本都更高，因而从总体上看，距离金融机构越远的农户，越有可能选择互助资金而非正规金融机构信贷。

运用村干部对互助资金是否积极宣传和农户对互助资金的了解程度来衡量互助资金管理水平，互助资金的管理水平越高农户参与和使用的积极性就越高。由于缺乏激励机制，有些村干部不愿意承担责任，不愿意发放互助资金，互助资金就无法运行。此外，农户对互助资金的了解程度也很重要，有些农户认为借款额度小，入股金额大，五户联保手续麻烦，农户不了解互助资金，参与积极性不高。同时农户互助资金使用程度还受到农户家庭人力资本的影响，主要从民族、户主年龄、受教育年限及家庭劳动抚养比和家庭是否有人外出打工。互助资金主要是在贫困村设立，所以也把是否是贫困村作为影响农户参与和使用互助资金程度的控制变量。

本书同时分析参与使用扶贫贴息贷款的影响因素，解释变量的选取和参与使用互助资金的解释变量一致。

5.2.2　实证结果分析

5.2.2.1　贫困户和非农户参与使用互助资金程度的方差分析

首先，对农户参与使用互助资金程度进行方差分析。表 5 - 6 比较了贫困户和非贫困户参与和使用互助资金程度差异的显著性水平。通过 Bartlett 的卡方值检验，在当前的自由度下对应的 P 值分别为 0.878、0.986 和 0.980，远大于 0.05，通过齐次性检验。在此前提下分析贫困户和非贫困户均值是否相等，P 值为 0.6207、0.8735 和 0.8879，远大于 0.05，检验结果表明，贫困户和非贫困户在参与使用互助资金的程度差异并不显著，再次印证互助资金并未明显偏向贫困户。但是方差分析只能从平均水平分析，无法分析贫困程度不同的农户的受益程度，后面将进一步通过计量模型分析。

表 5 - 6　　　　贫困户和非贫困户参与和使用互助资金差异比较

项目	贫困户 (101 户)		非贫困户 (391 户)		平均数差值	两样本差异的 F 检验	P	Bartlett 检验 P 值
	均值	标准差	均值	标准差				
是否入社	0.56	0.50	0.58	0.50	- 0.02	0.25	0.6207	0.878
互助资金借款金额	4.49	4.58	4.07	4.70	0.42	0.02	0.8753	0.986
互助资金借款次数	0.44	0.50	0.45	0.50	- 0.01	0.02	0.8879	0.980

资料来源：492 户农户微观调查。

5.2.2.2 农户参与使用互助资金和扶贫贴息贷款的计量分析

考虑到可能存在的多重共线性问题，首先采用 Stata12.0 对上述变量进行多重共线性诊断。诊断结果显示最大方差膨胀因子 1.47，平均方差膨胀因子 1.22，都远小于 3，表明各变量之间不存在多重共线性问题（见表5-7）。

表5-7 多重共线性诊断

变量	VIF	1/VIF
离最近金融机构距离	1.47	0.6814
农户对信贷扶贫的了解情况	1.43	0.6999
村庄贫困程度	1.32	0.7600
政府宣传力度	1.22	0.8224
耕地面积	1.19	0.8395
户主受教育年限	1.18	0.8479
人均纯收入	1.17	0.8547
是否是少数民族	1.17	0.8549
是否外出打工	1.16	0.8604
是否受信贷约束	1.1	0.9053
劳动抚养比	1.1	0.9081
户主年龄	1.08	0.9278
平均 VIF	1.22	—

使用 Heckman 两阶段估计农户参与和使用互助资金程度的影响，第一阶段模型计算出逆米尔斯比率（Inverse Mills Ratio）在 5% 的显著性水平下显著的，证明样本选择偏误问题确实存在，使用 Heckman 两阶段模型是正确的。然后，同样采用 Heckman 两阶段样本选择模型估计农户参与使用扶贫贴息贷款的影响，但是回归结果中的逆米尔斯比率没有通过显著性检验，不能使用该方法，改用 Logit 模型和 Tobit 模型分析农户参与使用扶贫贴息贷款的影响因素（见表5-8）。

表 5 - 8　　　　　　　　　　　　模型回归结果

变量	（1）Heckman 两阶段模型		（2）Logit 模型	（3）Tobit 模型
	选择方程	结果方程		
	是否加入互助资金	互助资金借款金额	是否有扶贫贷款	扶贫贷款金额
户主年龄	- 0.0024 (0.0079)	- 0.0217 (0.0251)	- 0.0103 (0.0148)	- 0.0673 (0.124)
是否是少数民族	- 0.237 (0.161)	1.558 *** (0.494)	0.164 (0.288)	1.438 (2.436)
户主受教育年限	- 0.0360 * (0.0204)	0.0226 (0.0714)	0.0158 (0.0391)	0.124 (0.325)
劳动抚养比	0.0450 (0.0792)	— —	0.136 (0.136)	1.088 (1.164)
是否外出打工	0.00719 (0.171)	- 0.784 (0.501)	- 0.338 (0.303)	- 2.958 (2.545)
耕地面积	- 0.00128 (0.0050)	- 0.0298 ** (0.0148)	- 0.0104 (0.0107)	- 0.0784 (0.0868)
人均纯收入	0.183 * (0.104)	6.465 ** (3.234)	5.147 * (2.795)	40.61 ** (19.94)
人均纯收入平方	0.0590 (0.0658)	- 0.409 ** (0.183)	- 0.305 * (0.162)	- 2.418 ** (1.167)
离最近金融机构距离	- 0.00951 (0.0119)	0.110 *** (0.0382)	- 0.0691 *** (0.0264)	- 0.573 *** (0.216)
是否受信贷约束	0.199 (0.158)	- 0.528 (0.488)	- 0.606 ** (0.299)	- 5.096 ** (2.475)
政府宣传力度	2.169 *** (0.267)	- 1.957 ** (0.932)	- 0.642 ** (0.323)	- 5.475 ** (2.674)
农户对信贷扶贫的了解情况	0.529 *** (0.0679)	0.295 (0.269)	0.198 * (0.108)	1.762 * (0.905)
村庄贫困程度	0.391 ** (0.195)	1.261 * (0.666)	0.366 (0.385)	2.626 (3.049)
逆米尔斯比率	— —	- 2.639 ** (1.171)	— —	— —

续表

| 变量 | (1) Heckman 两阶段模型 | | (2) Logit 模型 | (3) Tobit 模型 |
| | 选择方程 | 结果方程 | | |
	是否加入互助资金	互助资金借款金额	是否有扶贫贷款	扶贫贷款金额
Sigma	—	—	—	15.85 ***
	—	—	—	(1.676)
常数项	− 2.495 **	− 17.31	− 22.47 *	− 178.4 **
	(1.063)	(14.54)	(12.01)	(85.09)
LR chi2 (19)			32.97	33.81
Peudo R²	—	—	0.0819	0.0396
观察值	492	492	492	492

注：***、** 和 * 分别表示在 1%、5% 和 10% 显著性水平下显著，括号里为标准误。

（1）关键变量人均纯收入对参与使用互助资金和扶贫贴息贷款的影响比较。在参与使用互助资金的 Heckman 两阶段方程中：第一，在是否参与互助资金的方程中，人均纯收入一次项的系数是正的，而且在 10% 的显著性水平显著，说明收入水平越高的农户参与互助资金的概率越高。第二，在使用互助资金的方程中，人均纯收入一次项与互助资金借款呈显著正相关，系数为 6.465，人均纯收入的二次项与农户获得互助资金借款呈显著负相关，系数为 − 0.409，两者都通过 5% 的显著性水平，表明在控制其他因素不变的条件下，人均纯收入对农户参与和使用互助资金程度的影响是非线性的且呈倒 U 形关系。通过对拐点的计算，当人均纯收入小于 2707 元时，随着人均纯收入的提高，互助资金使用程度越来越多，在 2707 元时达到最高点①，之后随着人均纯收入的增加，参与和使用互助资金程度下降。土地面积对农户使用互助资金有显著的负向影响。在宁夏南部山区和中部干旱带，农户虽然拥有土地数量多，但质量低，大多为旱地，缺乏有效灌溉，只能靠天吃饭，依靠种植业的收入水平低，使用互助资金程度较低。

在参与使用扶贫贷款的方程中：第一，在是否有扶贫贷款的方程中，人均纯收入一次项与获得扶贫贷款呈显著正相关，系数为 5.147，人均纯收入的二次项与农户获得扶贫贷款呈显著负相关，系数为 − 0.305，两者

① 利用二次函数的顶点公式计算。

都通过 10% 的显著性水平，表明在控制其他因素不变的条件下，人均纯收入对农户使用扶贫贷款的概率也是呈非线性倒 U 形关系。通过对拐点的计算，当人均纯收入小于 4682 元时，随着人均纯收入的提高，扶贫贷款的参与概率越来越高，在 4680 元时达到最高点，之后随着人均纯收入的增加，参与扶贫贷款的概率下降。第二，在获得扶贫贷款数量的方程中，人均纯收入一次项与扶贫贷款数量呈显著正相关，系数为 40.61，人均纯收入的二次项与农户获得扶贫贷款呈显著负相关，系数为 – 2.418，两者都通过 5% 的显著性水平，表明在控制其他因素不变的条件下，人均纯收入对农户获得扶贫贷款的影响是非线性的且呈倒 U 形关系。通过对拐点的计算，当人均纯收入小于 4436 元时，随着人均纯收入的提高，扶贫贷款获得数量越来越多，在 4436 元时达到最高点，之后随着人均纯收入的增加，扶贫贷款获得数量下降。

对比人均纯收入对参与使用互助资金和扶贫贷款的影响，结果表明互助资金确实比扶贫贴息贷款的服务目标下沉。

（2）其他变量的影响。第一，农户家距离正规金融机构越远，参与互助资金的可能性越大。这也说明互助资金互助资金对正规金融机构有一定的替代效应。但是在扶贫贷款的方程中，离正规金融机构越远的农户家庭，获得扶贫贴息贷款的可能性也越低。一般来说，正规银行会认为，距离正规金融机构越远，地理位置越偏远，交通极其落后封闭，无法发展有现金流的创收项目，贫困程度会增加，银行发放扶贫贷款的概率和金额都会减少。这也进一步说明扶贫贷款的服务目标可能偏离贫困客户。第二，本村是否是重点贫困村这一变量对农户使用互助资金有正向影响。说明村庄贫困程度越深的农户，参与和使用互助资金的概率越高，互助资金确实实现区域瞄准。因为互助资金主要设立在贫困村，计量结果与实际相符。但是在扶贫贷款的方程中不显著。第三，政策支持对农户参与互助资有显著正向影响。说明在地方政府和村干部的积极宣传下，农户对互助资金了解也会越多，农户参与的积极性越高，入社的概率也就越高，这一结论与已有的研究结论是相同的（汪三贵等，2011）。在扶贫贷款的方程中，结果相反，说明获得扶贫贷款的主要决策权不在村干部。

5.3　本章小结

（1）本章通过描述性分析发现，利用宁夏回族自治区区级层面数据和微观调研数据，纵向分析和横向比较互助资金借款金额和借款户次的情况，结果表明贫困户参与使用互助资金的程度较高；进一步利用宁夏 11 个县 29 个村庄 492 个农户的微观调查数据，分析在不同经济水平下农户参与和使用互助资金的情况，表明互助资金覆盖了部分贫困户，但覆盖比例还有待进一步提高；与扶贫贷款相比，互助资金在贫困覆盖深度方面有优势。互助资金主要覆盖中等偏下收入组农户，而扶贫贴息贷款主要覆盖中等收入组农户。

（2）通过计量模型分析发现。第一，在分析互助资金的参与和使用影响因素分析中，运用 Heckman 两阶段选择模型，分析具备哪些家庭特征的农户更有可能参与使用互助资金，互助资金的受益目标群体，以此来分析互助资金的贫困瞄准问题。研究发现，在控制其他变量的前提下，农户人均纯收入显著影响互助资金的参与和使用，而且人均纯收入对农户参与和使用互助资金程度的影响是非线性的且呈倒 U 形关系，人均纯收入在 2600 ~ 2800 元的农户受益最多。第二，在分析参与使用扶贫贴息贷款的影响因素中，运用 Logit 模型和 Tobit 模型分析具备哪些家庭特征的农户更有可能参与使用扶贫贷款。研究发现，与互助资金的结果比较类似，人均纯收入对农户参与和使用扶贫贷款的影响也是非线性的且呈倒 U 形关系，但是人均纯收入在 4300 ~ 4500 元的农户受益最多，目标有明显的偏移。

（3）总体来看，相比扶贫贴息贷款模式，互助资金的服务目标有所下沉，但是互助资金使用排斥富裕农户的同时也未能完全覆盖最贫困的农户。这可能是由金融扶贫的"铁律"决定的。金融扶贫要求偿还性，对那些缺乏发展生产能力的最贫困的农户，应该由财政无偿援助。还要提高贫困农户的发展能力，否则即使向其提供贷款，也不能得到有效使用。

第 6 章

村级互助资金对农户生产
投资和收入的影响

第 5 章通过实证比较分析了村级互助资金与扶贫贴息贷款的贫困目标瞄准，相比扶贫贴息贷款模式，互助资金的服务目标有所下沉，能覆盖更多的贫困户。贫困地区的农户收入主要来源于农业收入，尤其是低收入组和中低收入组农户农业收入占50%以上。并且从资金用途上看，互助资金借款的资金用途极为明确，要求用于农业生产而不能用作他途。所以本章将在第 5 章的基础上进一步分析互助资金是否通过增加农户农业的生产投资，进而增加农户收入。本章分别运用计量模型和案例分析实证检验互助资金是否能够提高农户尤其是贫困农户生产发展能力。

小农经济明显的生存特征使贫困农户面临巨大的资金缺口，直补等形式的传统转移支付手段只能维持小农简单的生产再循环（黄良谋等，2008），对提高农户发展能力的边际作用有限，探索更有效率的金融减贫手段成为近年来社会各界关注的焦点。以往的研究经验表明，政府通过行政手段干预农村信贷市场、推广扶贫小额信贷等金融扶贫项目，其根本目的在于通过增加对农村贫困家庭的信贷资金供给促进其农业生产投资、提高农业生产效率（Ray，2002）。但回顾过去十多年来的中国农村金融改革，金融排斥和信贷配给问题始终存在，贫困地区农户难以从正规金融机构中获得信贷支持的现实困境也没有得到解决，针对贫困农户的金融服务依然匮乏（林万龙和杨丛丛，2012）。

在西部欠发达地区，尤其是宁夏，互助资金设立的首要目的是为填补贫困户发展生产所需的资金缺口。因为这些地区人少地多，鼓励和支持农户从事附加值高的特色种养殖业生产成为促进农村贫困地区发展的一个重要途径。在金融供给有限的现实情况下，随着这些地区农业现代化进程的逐步推进，因生产规模扩大而带来的要素投入增加进一步放大了资金缺口，农业生产中信贷资金的作用和地位越发重要（Dercon et al.，2011）。

互助资金是通过什么样的机制提高农户生产投资和收入，从而有效提高贫困户使用互助资金借款效果？问题的回答有助于我们理解如下问题：互助资金项目是如何提高农户信贷可获性，互助资金是否增加农业生产投资支出，提高农户家庭收入？本章利用宁夏 13 个县 37 个贫困村 655 户农户的调研数据构建 PSM 模型，比较社员与非社员的差异，在消除可能存在农户借款的内生性和选择性偏差的问题后，系统评估互助资金对农户家庭农业生产投资与收入的影响，以期为互助资金的未来发展与中国金融扶贫模式的实践探索提供理论支持与经验证据（陈清华等，2017）。

6.1 贫困农户的收入结构分析

解决贫困问题的关键就是要增加农民收入，农民收入增加了，地区经济才能维持良性发展。农业生产是贫困地区农户最主要的经济活动和收入来源，贫困村农户最迫切的需求是发展特色农牧业生产①。

扶贫重点县 2010 年的农村居民人均纯收入为 3273 元（见表 6 - 1），人均第一产业收入 1561 元，占比为 48%。贫困农户 2010 年的人均纯收入 2003 元，人均农业收入 1020 元，人均农业收入占比超过 50%（见表 6 - 2）。与经济较发达的农村地区相比，贫困地区工业化和城镇化水平较低，第二、第三产业不发达，·农户当地非农就业渠道狭窄，农业生产多依赖于小规模农作物生产。因此，帮助农户增加农业投资显得至关重要。宁夏人少地多，鼓励和支持农户从事附加值高的特色种养殖业生产成为促进农村贫困地区发展的一个重要途径。

表 6 - 1　　　　　　中国扶贫重点县农村居民人均纯收入　　　　　　单位：元

项目	2002 年	2003 年	2004 年	2005 年	2006 年	2007 年	2008 年	2009 年	2010 年
合计	1305	1406	1585	1726	1928	2278	2611	2842	3273
工资性收入	435	451	489	561	644	784	888	1011	1169

———————————

① 2009 年贫困村项目需求排序是：第一位是种植业项目，比重为 47.1%；第二位是养殖业项目，占比 45.9%。农户项目需求排序是：第一位是种植业项目，占比 45.8%；第二位是养殖业项目，占比 45.5%。

项目	2002 年	2003 年	2004 年	2005 年	2006 年	2007 年	2008 年	2009 年	2010 年
家庭经营收入	797	865	997	1043	1141	1306	1467	1522	1756
其他	74	90	99	122	140	188	256	308	348

资料来源：《中国农村贫困检测报告（2011）》。

表 6-2　　　　　　　　　　贫困农户的收入来源　　　　　　　　单位：元

项目	2000 年		2005 年		2010 年		2014 年	
	全国	贫困农户	全国	贫困农户	全国	贫困农户	全国	贫困农户
人均纯收入	2253	707	3255	740	5919	2003	10489	2561
工资性收入	707	160	1175	200	2431	681	4152	822
家庭经营收入	1427	517	1845	490	2833	1100	4237	1060
农业收入	1091	464	1470	457	2231	1020	2999	1007
非农收入	336	54	375	33	602	80	1239	53
财产净收入	45	8	88	12	202	34	222	39
转移净收入	79	22	147	39	453	188	1877	641

资料来源：2011 年和 2015 年《中国农村贫困检测报告》。

宁夏地处西北内陆，是中国 14 个集中连片开发的贫困区之一，有 9 个国家级扶贫重点县。相关年份的国家统计年鉴数据显示，2012～2014 年宁夏农民人均纯收入 6180 元、6931 元和 8410 元，相比中国农民人均纯收入分别为 7916 元、8896 元和 9892 元，宁夏农村居民人均收入显著地低于全国平均水平，家庭经营收入是贫困地区农户最主要收入来源（见表 6-3）。从表 6-3 可知，2012～2014 年中，农户家庭收入中约 50% 为家庭经营性收入，当地的贫困形势极为严峻。

表 6-3　　　　　　　　宁夏扶贫重点县农民收入结构

项目	2014 年		2013 年		2012 年	
	金额（元）	占比（%）	金额（元）	占比（%）	金额（元）	占比（%）
工资性收入	2480	39.83	2365	45.04	1977	42.96
家庭经营收入	2912	46.76	2364	45.02	2183	47.44
财产性收入	55	0.88	36	0.69	31	0.67

项目	2014 年		2013 年		2012 年	
	金额（元）	占比（%）	金额（元）	占比（%）	金额（元）	占比（%）
转移性收入	781	12.54	486	9.26	41	0.89
合计	6227	100	5251	100	4602	100

资料来源：《宁夏调查数据（2013~2014）》。

进一步利用宁夏655户农户微观调查数据进行分析（见表6-4），结果表明农户家庭总收入中农业收入的比重在低收入组和中低收入组中分别为56%和48%。一方面，再次印证贫困农户的收入来源；另一方面，也说明农户抽样调查数据有代表性。

表6-4   宁夏农户的收入结构

项目	低收入组		中低收入组		中等收入组		中高收入组		高收入组	
	金额（元）	占比（%）	金额（元）	占比（%）	金额（元）	占比（%）	金额（元）	占比（%）	金额（元）	占比（%）
人均纯收入	2339	100	4512	100	6602	100	9557	100	21864	100
农业收入	1310	56	2178	48	2243	34	4075	43	7620	35
工资性收入	776	33	1692	38	3633	554	4437	46	9668	44
其他收入	253	11	641	14	726	11	1045	11	4576	21

资料来源：宁夏655户农户微观调研数据。

6.2 村级互助资金对农户生产投资和收入的影响分析：基于PSM方法

6.2.1 数据来源、模型设定与变量选取

6.2.1.1 数据来源

数据主要来源于宁夏贫困村655户农户的实地抽样调查。该数据具体情况已经在第5章详细说明（见表5-1）。因为本章主要运用PSM方法分

析是否参与互助资金对农户生产和收入的影响，所以需要设置控制组和对照组，控制组为社员，对照组为非社员，既包括试点村的非社员，也包括非试点村的非社员。

6.2.1.2 研究方法

评价参与互助资金对农户农业投资和收入影响的理想方式是比较同一个农户参与互助资金和不参与互助资金所带来投资和收入的变化。但在现实中，囿于数据的可获得性，很难实现对同一个农户参与互助资金前后的变化进行的跟踪观测；即使可以，也很难剔除由于时间变化带来的农户其他方面的变化。理论上，此时可以考虑通过实验方法，构造一个非实际状态的反事实因果的情形，进行实证分析。当时由于研究条件限制难以实施，而且考虑到本书所用的数据是截面数据，用普通的最小二乘法估计会不可避免地产生内生性问题。为减少可能存在的内生性对模型估计带来的不利影响，借鉴已有研究，采用倾向得分匹配法（propensity score matching，PSM）来研究农户参与互助资金对农业投资和收入的影响。

倾向评分匹配方法是近年来反事实因果关系分析中被广泛使用的一种方法，能够对一些没有采用实验方法区分处理组和对照组的数据采用一种近似于实验的方法，尽可能地产生出随机分组（randomized sub-classification）以控制可观测变量。由于研究条件限制，采用截面数据也可以进行PSM研究（陶然和周敏慧，2012；许竹青等，2013；郭君平和吴国宝，2014）。

根据罗森鲍姆和鲁宾（Rosenbaum and Rubin，1983）的定义，农户参与互助资金的倾向评分为既定条件下农户参与互助资金的概率，用Logit模型估计获得，模型如下：

$$P_{join}(X_i) = Prob(join = 1 \mid X_i) = \frac{\exp(\beta X_i)}{1 + \exp(\beta X_i)} \qquad (6.1)$$

公式（6.1）中，$P_{join}(X_i)$为农户参与互助资金的倾向值得分，join是处理变量，如果农户参与互助资金即为社员，则join取值为1，否则为0；X_i为选择的匹配变量。据此获得倾向评分后，就可以选用各种匹配法得到互助资金项目对农户影响的处理组平均干预效应ATT（the average effect of treatment on the treated）。

$$ATT = E\{E[Y_{1i} \mid join = 1, P_{join}(X_i)] - E[Y_{0i} \mid join = 0, P_{join}(X_i)]\} \qquad (6.2)$$

公式（6.2）中，Y_{1i}和Y_{0i}分别表示同一农户在处理组和非处理组两种情形下的输出结果。为检验估计效果稳健性，根据以往的文献，使用多种匹配方法以更好地控制内生性问题。本书采取了近邻匹配法（nearest neighbor matching method）、半径匹配法（radius matching method）和核匹配法（kernel matching method）三种不同类型匹配法对社员与非社员的倾向值评分进行匹配。近邻匹配方法是从非社员中为社员寻找倾向评分接近的进行匹配；半径匹配是预先设置一个卡尺 Caliper 参数（如 0.001），而后将所有满足社员与非社员之间倾向评分差异小于规定卡尺标准的样本均作为匹配对象。核匹配是用所有非社员的平均权重为每个社员组建匹配的对照组。

倾向值匹配法的基本步骤如下：

第一步，确定混淆变量。已有的研究表明，人力资本、物质资本和金融资本会影响农户的收入，同时这些变量也影响农户是否参与互助资金，所以选择人力资本、物质资本和金融资本这些变量作为混淆变量。混淆变量与我们关心的自变量之间存在相关性，简单地将混淆变量纳入多元回归模型有可能产生共线性问题。

第二步，预测倾向值。利用已知混淆变量，运用 Logit 模型或 Probit 模型来预测每个样本参与互助资金项目的条件概率（即倾向值），使匹配标准由多维的降为一维的倾向得分值（ps）。

第三步，基于倾向值进行匹配。我们能够确保加入互助资金的社员和没有加入互助资金的社员匹配起来。虽然每个个体都有倾向得分值，但有些农户倾向值太高或太低，因此无法找到匹配的个体。最后使用的样本可能要比一开始的样本量小。

不同的匹配方法会导致不完全一致的匹配结果。常用的匹配方法有最近邻匹配（找与社员倾向值最接近的非社员匹配）、半径匹配（以社员的倾向值为中心，以某个数值为半径，在这个范围内的所有非社员与社员匹配）、核匹配。

第四步，基于匹配样本进行因果系数估计。

在匹配好的样本中，我们比较社员和非社员的平均收入差值就可以估计出加入互助资金对收入的影响。由于配对样本的倾向值近似，配对个体在混淆变量上的取值极为近似，这样也就控制了混淆变量的影响。

6.2.1.3　变量选取

（1）匹配变量的选择。在倾向评分匹配之前，要先利用 Logit 模型筛选匹配变量（见表6－5）。依据已有的研究，这些变量可能混淆参与互助资金对农户生产投资及收入的影响。主要包括农户家庭人口特征（户主年龄、是否是少数民族、是否是村干部、户主受教育年限、劳动抚养比和是否外出务工）、耕地面积、正规金融服务可获性（正规贷款金额、是否受信贷约束和离最近金融机构距离）以及村庄贫困程度四大类变量（董晓林等，2013）。通过五个 Logit 模型逐步回归，剔除不显著影响农户参加互助资金行为的变量，并权衡各模型的 Pseudo－R^2 及变量的显著性水平，最终选择模型五，是否是村干部、获得正规贷款金额、离正规金融机构的距离、农户是否受到正规金融信贷约束和村庄贫困程度都显著影响农户参与互助资金，户主受教育水平、劳动抚养比作为家庭特征变量，共七个变量为匹配变量。

表6－5 影响农户参与村级互助资金的因素

变量	变量含义	模型一	模型二	模型三	模型四	模型五
age	户主年龄	0.004 (0.009)				
islam	是否是少数民族	-0.176 (0.191)	-0.190 (0.187)			
work	是否外出务工	-0.104 (0.192)	-0.110 (0.191)	-0.094 (0.191)		
land	耕地面积	0.009 (0.006)	0.009 (0.006)	0.010 (0.006)	0.010 (0.006)	
cadre	是否是村干部	1.051*** (0.301)	1.062*** (0.299)	1.058*** (0.299)	1.067*** (0.298)	1.042*** (0.298)
education	户主受教育年限	-0.018 (0.026)	-0.020 (0.025)	-0.015 (0.024)	-0.015 (0.024)	-0.015 (0.024)
laborratio	劳动抚养比	-0.027 (0.094)	-0.029 (0.094)	-0.039 (0.093)	-0.034 (0.093)	-0.035 (0.092)
lnformalloan	正规贷款金额对数	0.061*** (0.017)	0.061*** (0.017)	0.059*** (0.017)	0.059*** (0.017)	0.062*** (0.017)
distance	离最近金融机构 距离	0.048*** (0.014)	0.047*** (0.014)	0.046*** (0.014)	0.046*** (0.014)	0.052*** (0.013)

续表

变量	变量含义	模型一	模型二	模型三	模型四	模型五
constraint	是否受信贷约束	0.451 ** (0.187)	0.449 ** (0.187)	0.423 ** (0.185)	0.414 ** (0.184)	0.445 ** (0.183)
poverty	村庄贫困程度	1.732 *** (0.197)	1.721 *** (0.196)	1.723 *** (0.195)	1.730 *** (0.195)	1.705 *** (0.193)
Constant		− 2.375 *** (0.643)	− 2.169 *** (0.396)	− 2.261 *** (0.386)	− 2.343 *** (0.349)	− 2.254 *** (0.342)
Pseudo − R^2		0.1499	0.1497	0.1486	0.1483	0.1455
Observations		655	655	655	655	655

注：括号里是估计系数的标准误；*、**、*** 分别表示在 10%、5%、1% 的置信水平上具有统计显著性。

首先，是否是村干部对加入互助资金有显著的正向影响。可能是村干部需要在村庄中起示范带头作用所致。

其次，正规金融服务水平的可获性也显著影响了互助资金的参与：选择农户 2012～2014 年从正规金融机构获得借款金额、受正规金融机构信贷约束情况和家庭离最近的金融机构的距离三个变量来分析农户获得正规金融服务。第一，农户从正规金融机构获得借款对农户参与互助资金影响有两个可能，一是替代效应，从正规金融机构处借款金额越多，农户参与互助资金的借款可能越少；二是互补效应，农户从正规金融机构处借款金额越多，越会参与和使用互助资金。第二，家距离最近的金融机构越远，越难以得到正规金融服务，参与互助资金的概率越高。第三，受到正规信贷约束的农户，越愿意参加互助资金。这主要是农户根据获得贷款的难易程度的理性选择，因为对贫困村农户，在难以获得正规贷款的情况下，会选择较容易获得的互助资金。

最后，越是贫困村庄的农户参与互助资金的概率越高，验证互助资金主要设立在贫困村的原委。推测村庄贫困程度深的农户，在难以获得正规贷款的情况下，会选择较容易获得的互助资金。

（2）输出变量的选择。本书使用的变量有干预变量、匹配变量和输出变量（见表6–6）。

表6-6   变量的定义及描述性统计

属性	名称	含义	均值	标准差	最小值	最大值
示性变量	join	是否参与互助资金（1＝是，0＝否）	0.44	0.50	0	1
输出变量	lnagrinput	农业生产投资取对数	7.51	2.42	0.69	12.43
	lnagrincome	农业收入取对数	7.91	3.56	0	12.85
	lnpernetincome	人均纯收入取对数	8.76	0.82	5.26	12.03
匹配变量	cadre	是否是村干部（1＝是，0＝否）	0.10	0.30	0	1
	education	户主受教育年限（年）	6.53	3.74	0.00	14.00
	laborratio	劳动抚养比	1.30	0.94	0.00	6.00
	lnformalloan	获得正规贷款金额取对数	5.10	5.23	0.00	13.82
	distance	离最近正规金融机构的距离（里）	9.07	6.78	0.10	40.00
	constraint	是否受到正规金融信贷约束（1＝是，0＝否）	0.39	0.49	0	1
	poverty	村庄贫困程度（1＝是，0＝否）	0.59	0.49	0	1

干预变量又称示性变量，为"是否参与互助资金"，匹配变量在表6-5中已分析。输出变量如下：

第一，农户农业投资指农户进行农业生产过程所投入的财力和物力资本，主要包括2014年种植业和养殖业的投资支出总额。

第二，农户农业收入，包括2014年农户种植业收入和养殖业收入总额。根据之前的分析，贫困村农户的收入来源主要是经营性收入，而经营性收入中主要为种养殖收入。

第三，农户人均纯收入，主要包括2014年农户外出打工收入和家庭经营性收入之和除以家庭人口数量。因财产性收入和转移性收入比重小且相差不大，已有的研究大多把这两项忽略不计。

6.2.2 实证结果分析

6.2.2.1 匹配平衡性检验和共同支撑检验

利用 Stata12.0 统计软件进行分析。处理组有 289 个样本，对照组有

366 个样本，表 6 - 7 列出匹配前后社员与非社员基于匹配变量均值的对比情况。

表 6 - 7 社员与非社员匹配前后的对比

变量		均值		偏差（%）	偏差减少.（%）	t 检验	
		处理组	控制组			t	p > t
是否是村干部	匹配前	0.15	0.07	27.5	75.3	3.57	0.000
	匹配后	0.15	0.17	-6.8		-0.68	0.496
户主受教育年限	匹配前	6.34	6.67	-9.0	-53.5	-1.14	0.254
	匹配后	6.34	6.85	-13.8		-1.63	0.103
劳动抚养比	匹配前	1.27	1.33	-5.7	-46.9	-0.72	0.474
	匹配后	1.27	1.35	-8.3		-0.94	0.346
获得正规贷款	匹配前	6.04	4.37	32.3	95.2	4.1	0.000
	匹配后	6.04	6.11	-1.5		-0.19	0.852
离最近正规金融机构距离	匹配前	9.79	8.50	19.0	82.7	2.42	0.016
	匹配后	9.79	9.57	3.3		0.4	0.687
是否受信贷约束	匹配前	0.43	0.36	14.2	24.4	1.8	0.072
	匹配后	0.43	0.37	10.7		1.28	0.202
村庄贫困程度	匹配前	0.78	0.44	75.9	100	9.53	0.000
	匹配后	0.78	0.78	0.0		0	1.000

倾向评分匹配方法能够找到一些倾向评分相近的、没有参与互助资金的农户为参与互助资金的农户的配对组进行匹配估计，以减少偏差（见表 6 - 7 和图 6 - 1）。整体来看，社员与非社员在是否是村干部、获得正规贷款金额、离最近正规金融机构的距离、是否受信贷约束和村庄贫困程度等方面均存在显著差异。匹配前社员是否是村干部、正规贷款金额、离最近正规金融机构距离、是否受信贷约束和村庄贫困程度等方面均显著高于非社员。罗森鲍姆和鲁宾（Rosenbaum and Rubin，1983）认为为使倾向匹配结果更具可靠性和说服力，要求匹配后社员与非社员在匹配变量上无明显差异。

标准偏差越小，则说明匹配效果越好。具体来说，一般是查看匹配变量的标准偏差绝对值是否小于 20。若是，则认为倾向值匹配估计可靠；反之，则效果不好。表 6 - 7 中 5 个匹配变量的标准绝对值都小于 20，匹配后除了获得正规贷款金额外，7个匹配变量都不存在显著差异，可见估计结果较为可靠。

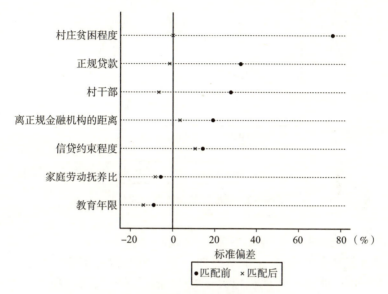

图6-1 匹配前后匹配变量的偏差减少

此外，为进一步证实此匹配的合理性及有效性，给出近邻匹配法的匹配效果图（见图6-2和图6-3）。

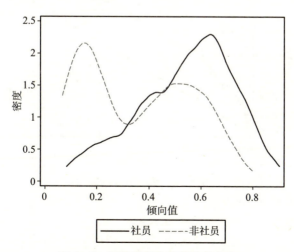

图6-2 匹配前倾向值得分的分布

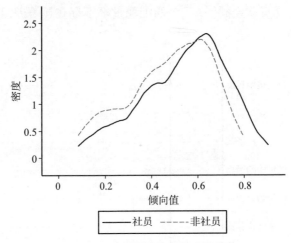

图 6 - 3　匹配后倾向值得分的分布

　　图 6 - 4 和图 6 - 5 显示匹配之后倾向得分的分布情况，控制组和处理组在倾向值得分的分布上更加一致，模型拟合效果良好（AUC = 0.794，ROC 曲线下的面积越大越好），满足了倾向得分所要求的共同支撑假设检验（AUC = 0.531，ROC 曲线下曲线的面积越接近 0.5 越好）。

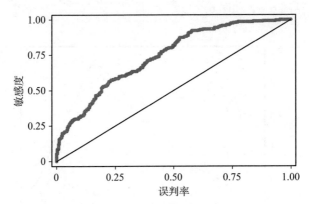

图 6 - 4　模型拟合效果

注：ROC 曲线下的面积：AUC = 0.794。

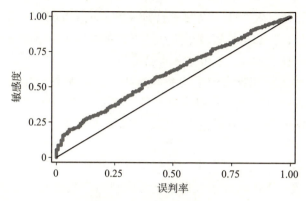

图 6 - 5　共同支撑假设检验

注：ROC 曲线下的面积：AUC = 0.531。

6.2.2.2　匹配结果分析

为使研究更具说服力，分别运用近邻匹配法、半径匹配法和核匹配法估计 4 个输出变量的平均处理效果，这一过程同时也是从计量方法出发的稳健性检验（见表 6 - 8）。

表 6 - 8　　　　　　倾向值匹配法得到的平均干预效应：全样本农户

变量	近邻匹配			半径匹配			核匹配			ATT 均值
	ATT	S. E.	T-stat	ATT	S. E.	T-stat	ATT	S. E.	T-stat	
农业生产投资	0.66	0.27	2.48 **	0.8	0.29	2.81 ***	0.64	0.24	2.62 ***	0.70
农业收入	0.72	0.39	1.87 *	0.48	0.43	1.12	0.82	0.35	2.32 **	0.68
人均纯收入	0.17	0.09	1.88 *	0.05	0.11	0.48	0.15	0.08	1.78 *	0.12

注：***、** 和 * 分别表示在 1%、5% 和 10% 显著性水平下显著。

（1）无论使用哪一种匹配方法进行检验，参与互助资金对农户农业生产投资的影响，均在 5% 的显著性水平下为显著正向影响，净效应 ATT 平均系数为 0.70。参与互助资金与不参与互助资金的农户相比，农业投资支出会增加 101% [exp(0.7) - 1]，互助资金支持农业生产投资的效果显著。虽然农业投资的比较收益低，但同时"门槛"也较低，农户由于自身的资源禀赋低，即使获得小额的互助资金借款，也能在一定程度上缓解生产资金短缺问题，为提高农业生产投资的边际报酬而增加支出。

（2）农业收入的平均系数为 0.68，说明参与互助资金与不参与互助资金的农户相比，农业收入会显著增加 97% [exp(0.68) - 1]。因为农业生产投资增加，在初始投资较小的水平下，资本的边际报酬是递增的，即随着农业生产投资增加，农业收入也会增加。

（3）家庭人均纯收入的平均系数为 0.12，说明参与互助资金与不参与互助资金的农户相比，人均纯收入显著增加 13% [exp(0.12) - 1]。这意味着互助资金通过农户的生产投资，增加农业收入，进一步增加家庭人均纯收入。

进一步剔除非试点村样本，仅保留试点村样本重新估计，结果与全样本基本一致，再次印证了互助资金对农户生产投资和收入有影响（见表 6-9）。

表 6-9 　　　　　倾向值匹配法得到的平均干预效应：试点村农户

变量	近邻匹配			半径匹配			核匹配			ATT 均值
	ATT	S. E.	T-stat	ATT	S. E.	T-stat	ATT	S. E.	T-stat	
农业生产投资	0.47	0.27	1.73*	0.47	0.35	1.32	0.46	0.25	1.82*	0.46
农业收入	0.76	0.41	1.85*	1.11	0.51	2.18**	1.00	0.39	2.54**	0.96
人均纯收入	0.17	0.10	1.76*	0.09	0.12	0.74	0.19	0.09	2.04**	0.15

注：***、**和*分别表示在1%、5%和10%显著性水平下显著。

6.3 贫困户与非贫困户使用村级互助资金投资效应差异分析

6.3.1 模型设定

为了进一步验证村级互助资金对贫困户和非贫困农户农业投资支出是否有差异，本书构建多元线性回归模型：

$$lnagrinput_i = \beta_0 + \beta_1 lnmutualloan_i + \beta_2 lnformalloan_i + \beta_3 lnincome_i$$
$$+ \beta_4 lnasset_i + \beta_5 land_i + \beta_6 labor_i + \beta_7 education_i$$
$$+ \beta_8 skill_i + \beta_9 work_i + \beta_{10} poverty_i + \mu_i \qquad (6.3)$$

公式（6.3）中 β_0 为截距项，$\beta_1 \sim \beta_{10}$ 分别是解释变量的系数，μ_i 为随机扰动项。

6.3.2 变量选取与描述统计

表6－10列示492户农户样本各个变量的描述性统计结果。

表6－10   **基本变量统计描述**

变量符号		变量含义	全样本 (492户)		贫困户 (101户)		非贫困户 (391户)	
			均值	标准差	均值	标准差	均值	标准差
自变量	lnagrinput	农业生产投资总额取对数	7.79	2.14	7.75	1.80	7.80	2.22
关键变量	lnmutualloan	互助资金借款金额取对数	4.15	4.68	4.49	4.58	4.07	4.70
	pov_mutual	贫困户和互助资金的交互项	0.90	2.73	—	—	—	—
控制变量	lnformalloan	正规贷款取对数	5.46	5.20	5.28	5.20	5.50	5.20
	lnincome	家庭总收入取对数	10.34	0.82	9.28	0.62	10.60	0.61
	lnasset	家庭生产性固定取对数	10.26	1.07	9.56	1.08	10.45	0.98
控制变量	land	耕地面积（亩）	15.59	16.04	15.75	14.84	15.55	16.35
	labor	劳动力人数	2.54	1.05	2.38	1.11	2.58	1.03
	education	户主受教育年限	6.44	3.76	5.89	3.89	6.58	3.72
	skill	是否有专业技能 1＝是，0＝否	0.49	0.50	0.36	0.48	0.52	0.51
	worker	是否外出打工 1＝是，0＝否	0.69	0.46	0.53	0.50	0.73	0.44
	poverty	村庄贫困程度 1＝是，0＝否	0.70	0.46	0.71	0.45	0.70	0.46

（1）农户农业生产投资。农户农业生产投资是指为了从农业生产中获得更多的收益而进行的投资，主要包括2014年农户进行种植和养殖过程所投入资金总额。农户农业生产投资水平在贫困户与非贫困户之间存在差异。

（2）农户家庭借贷情况包括2012～2014年互助资金借款和正规金融机构借款。

（3）其他控制变量。家庭经济情况主要包括家庭总收入、家庭生产性固定资产和耕地面积。农户生产性固定资产对农户生产投资的影响有：一方面，生产性固定资产越多，农户会选择扩大生产规模，增加投资获得更高的收益，反之，会减少投资；另一方面，生产性固定资产越多，会对部分生产投资具有替代效应，抑制投资。耕地面积与农业投资，家庭耕地面积在一定程度上反映农户的生产规模，拥有土地较多的农户预计进行农业投资也越多。但是在贫困地区，由于土地贫瘠，农户是否投资主要受预期收益等影响，但是本书假设在短期内，预期收益波动较小，所以没有分析预期收益。

农户家庭人口情况主要包括家庭劳动力人数、户主受教育水平、是否外出打工和有专业技能。借鉴刘荣茂和马林靖（2006）以劳动力的受教育年限和技能作为反映劳动力文化水平的指标，认为劳动力文化水平对农户农业投资行为产生的影响有两个方面：一方面，农户受教育年限越长，文化程度越高，拥有更多的技能和知识，进行现代化农业投资生产；另一方面，文化水平越高，对市场有充分的了解，会选择投资收益率更高的行业进行投资。

一般而言，有过外出务工经历的农户，其外出务工经历对农业生产投资可能产生两种方向截然不同的影响：其一，只考虑外出务工对农户总收入增加的情况，此时由于外出务工增加了农户收入，相当于增加了农户农业生产的投资本金，对农业生产投资有促进作用。方鸿（2013）运用面板数据，从宏观角度分析了非农就业因素对一个地区农户平均农业生产性投资水平的影响。研究结果显示，农户的非农就业机会增加时，农户的收入会增加，就有更多的资金投入到农业生产中了，并且其影响程度是不断增加的。其二，外出务工可能会减少农业生产投资支出。在某些情况下，考虑到外出务工减少了农户家庭可用的农业劳动力投入，从而减少了农户的农业生产投资水平；同时随着农业劳动力的流失和汇款的流入，农户从事农业生产的技术效率也会有所下降（钱文荣和郑黎义，2011）。此外，村庄贫困状况也会影响农户农业投资，总体上，越是贫困村庄，农户的主要收入来源于农业生产，所以进行农业投资更多。

6.3.3 实证结果分析

考虑到使用截面数据，解释变量可能存在多重共线性，本书对上述各自变量进行多重共线性检验。由于最大的 VIF 为 1.51，远小于 10，故解释变量之间不存在多重共线性（见表6-11）。

表6-11 多重共线性诊断

变量	VIF	1/VIF
收入	1.72	0.5816
资产	1.48	0.6779
互助资金与贫困交互项	1.39	0.7199
互助资金借款	1.26	0.7923
土地	1.17	0.8547
是否外出打工	1.13	0.8818
村庄贫困程度	1.13	0.8824
劳动力人数	1.12	0.8942
是否有专业技能	1.08	0.9279
正规贷款	1.08	0.9283
户主受教育年限	1.05	0.9567
平均VIF	1.24	—

对模型各种形式的BP检验，P值都等于0.0000，说明数据存在异方差。为克服异方差，运用加权最小二乘法对模型估计。之后分贫困户和非贫困户样本①再次估计，对比三个回归结果（见表6-12）。

表6-12 村级互助资金对农户农业投资的影响：贫困户与非贫困户差异

变量	(1) 全样本		(2) 贫困户		(3) 非贫困户	
	系数	标准误	系数	标准误	系数	标准误
互助资金借款	0.048**	0.021	0.106***	0.039	0.041*	0.022
互助资金与贫困交互项	0.023*	0.017	—		—	
正规贷款	-0.012	0.017	0.035	0.029	-0.02	0.020
收入	0.043	0.142	-0.392	0.293	0.147	0.185
资产	0.141	0.096	-0.031	0.148	0.112	0.116
土地	0.030***	0.006	0.027**	0.012	0.032***	0.007

① 以2010年不变价格2300元为标准，考虑经济增长和物价水平和宁夏实际情况，把2014年人均纯收入3000元以下的农户界定为贫困户。

变量	(1) 全样本		(2) 贫困户		(3) 非贫困户	
	系数	标准误	系数	标准误	系数	标准误
劳动力人数	0.132	0.084	0.335 **	0.147	0.071	0.097
教育	− 0.023	0.023	0.125 ***	0.041	− 0.063 **	0.027
是否有专业技能	0.428 **	0.174	− 0.116	0.313	0.472 **	0.200
是否外出打工	− 0.634 ***	0.187	− 0.0961	0.304	− 0.771 ***	0.223
村庄贫困程度	− 0.507 **	0.209	− 0.620 *	0.357	− 0.351	0.245
常数项	5.679 ***	1.336	9.599 ***	2.716	5.318 ***	1.772
观察值	492		99		393	
R-squared	0.146		0.282		0.161	

注：***、** 和 * 分别表示在1%、5%和10%显著性水平下显著。

（1）互助资金借款对农业投资具有显著的正向影响。在全样本模型中，在其他因素不变的情况下，互助资金借款增加1%，平均带动农户农业投资增加0.05%，弹性系数为0.05；贫困户和互助资金借款的交互项系数为正，说明相比非贫困户，贫困户获得互助资金借款，会增加用于农业投资的支出；可能的原因是贫困户相比非贫困户更缺少其他投资渠道，如果能获得更多的互助资金借款，就会更多投入农业生产中。对深处贫困地区、同时自身又是该地区收入水平最低的农户而言，初始资源禀赋不足的程度更为严重，此时，如果互助资金能够提供必要的资金支持，就有可能为这部分农户提供农业生产最原始且最必要的启动资金，使贫困户资金量增加到一定水平，实现农业投资的边际递增。而对非贫困农户，农业投资并没有受到流动性约束，他们所发生的借贷很可能被用于其他非农投资中。因此，对贫困户来说，更多的互助资金支持能产生更明显的刺激农业投资的效果。虽然农业投资的比较收益低，但同时"门槛"也较低，贫困农户由于自身的资源禀赋低，即使获得小额的互助资金借款，也只能投资于比较利益较低的小规模种养殖，而非贫困户就自身资源禀赋较高，同样获得小额互助资金借款，会根据他们所掌握的知识和能力来提高资金投资效率，更多投资于比较收益较高的非农投资，相应可能减少一些农业生产投资。

通过分样本模型，贫困户弹性为0.11，非贫困户弹性为0.04，贫困户比非贫困户互助资金农业投资效应更为显著。再次验证上述观点。

从正规的金融机构获得借款对农户农业投资具有负向的影响但不显

著。农业投资的收益率比较低，如果农户能获得正规贷款，一般会选择投资到收益比较高的其他工商业活动当中，反而会减少农业生产投资。

（2）在控制其他因素不变的情况下，耕地面积越多的农户其农业投资也越多。贫困户中劳动力人数越多，农业投资越多；户主受教育程度越高的农户农业生产投资的积极性也越高。非贫困户户主受教育年限越多，投资农业的积极性越低。通常情况下，当人们的受教育程度越高，人们会选择从事与自己学历大致相符的职业。此外，当农户有外出务工经历时，其农业投资的积极性会有所降低。可能的解释是，当现实中一些有外出务工经历的农户打工收入远高于农户农业投资收入时，农户就会更多的选择外出打工而不是从事农业生产。需要注意的是，农户所在村庄的贫困程度对农业生产投资有不利影响，所在村庄贫困程度越高，农户农业生产投资的积极性越弱。可能的解释是，外部的贫困程度在一定程度上影响了农户的意愿，多数情况下农户难以认识到自身真实的贫困程度（周围环境都一样，没有比较），使得农户缺乏投资生产的积极性，不愿意拓展生产改变自身的处境。这进一步表明，解决贫困问题并非一朝一夕的事情，扶贫不仅要扶助到微观家庭，还要到覆盖到整个村，从而克服因村庄整体贫困的环境而限制农户投资生产积极性的问题。

6.4　村级互助资金与产业结合：案例分析[①]

发展产业是贫困人口摆脱贫困的核心，也是从"输血式"扶贫向"造血式"扶贫转变的主要途径。互助资金发展成功的条件是当地有产业发展需求，而发展产业需要资金支持，但是贫困农户发展产业缺乏资金。在这一前提下，互助资金如果与特色产业结合，对农户生产投资和收入就会产生良性循环。相反，如果太偏远地区，又没有产业支撑，农户没有发展需求，就是给了农户互助资金借款，也没有偿还能力，互助资金也无法持续发展。

6.4.1　村级互助资金支持主导产业发展

宁夏同心县石羊圈村距离县城 15 千米，全村土地总面积 13245 亩，

[①]　本节 2012 年 12 月国务院扶贫办互助资金案例集整理而得。

其中耕地 7635 亩，人均 6.8 亩；林地 2500 亩，草地 2000 亩，荒地 3600 亩。该村为丘陵地区，境内山大沟深，地貌复杂，水土流失严重，生态环境脆弱，经济基础条件差，属全县最贫困村庄之一。

红葱种植既是宁夏同心县石羊圈村的主导产业，也是经济效益比较好的产业。在没有互助资金介入的时候，当地的红葱种植规模较小，处于各家各户小范围种植的情况。据统计，早期全村的红葱种植总面积甚至不超过 100 亩，严重制约了当地特色产业的发展和农户收入水平的提高。随着互助资金项目的实施，缓解了农户发展生产的资金短缺问题，农户在家就能借到互助资金借款。农户充分利用互助资金扩大红葱种植规模，种植面积由 2007 年的不到 100 亩，扩大到 2010 年的 5000 亩。在红葱种植为当地带来巨大的经济收益的同时，该产业真正成为当地的支柱产业、特色产业。该村实施互助资金以来，农户累计增加收入 67 万元，户均增收 2913 元，人均增收 592 元。

6.4.2 村级互助资金支持特色产业发展

长期以来，受制于资金短缺等问题，即使有较多的种植、养殖特色产业[1]，宁夏盐池县却始终难以摆脱国家级贫困县的"帽子"。为了解决这一问题，盐池县较早地开展了互助资金试点实践，围绕当地的特色种植和养殖产业，全方位、多层次、多渠道地开展金融扶贫攻坚工作。在 2006～2015 年这十年间，当地互助资金就发展至 91 个村，受益农户从 450 户增长至 2.37 万户。2015 年，当地的互助资金总额达到了 9660 万元，互助资金规模的扩大对帮助农户脱贫致富起到了关键作用，也进一步促进了当地滩羊养殖业的快速发展，扩大了养殖业生产规模（陈清华和董晓林，2016）。

宁夏盐池县曾记畔村辖 6 个自然村，全村占地面积 45.5 平方千米，其中耕地面积约 26000 亩，其他还包括草原、退耕还林等。从总体上看，当地的自然条件极为恶劣，常年多风、降水量较小[2]。全村有常住人口 728 户，2014 年全村农民人均纯收入 4600 元，收入主要来源于种养殖等农业收入。从 2006 年开始该村被列为互助资金试点实践村，随后当地的互助资金规模不断增长，截至 2016 年初，互助资金总量已经达到了 431

---

① 根据当地农业部门的统计，盐池当地拥有滩羊、甘草、小杂粮等特色种养殖产业，是帮助当地贫困农户摆脱贫困的主要生产经营项目。

② 据统计，当地年均降水量仅为 200 毫米，恶劣的自然条件严重制约了当地农业的发展。

万元，累计向 2615 户社员发放借款 1361 万元（见表 6 – 13）。

表 6 – 13　　　　　2007 ~ 2015 年宁夏盐池县曾记畔村互助资金运行

年份	资金总规模（万元）	入社农户（户）	当年借款金额（万元）	累计借款（户次）	累计借款金额（万元）	累计利息收入（万元）
2007	29.6	105	20.3	105	20.3	1.4
2008	42.3	126	30.0	225	50.5	1.4
2009	54.4	197	51.1	422	101.6	8.1
2010	69.4	203	65.7	619	152.7	12.6
2011	70.0	266	80.2	885	231.9	19.5
2012	92.3	185	80.6	1064	312.5	26.0
2013	133.5	337	138.2	1349	559.6	34.8
2014	213.5	341	371.0	1691	933.0	44.7
2015	431.3	465	428.2	2615	1361.7	75.6

资料来源：国务院扶贫办村级互助资金管理系统。

2012 年初，曾记畔村被纳入全国"千村信贷"金融创新扶贫工程[1]。在实践过程中，资金互助筛选出那些信用度好、发展潜力大的社员，将他们进一步推荐给信用社，仅在 2012 年就捆绑了 89 户社员，累计借贷资金达 426.58 万元，户均贷款将近 5 万元。与此同时，这部分社员还享受8.55 万元的政策贴息；而后在 2013 年，该社进一步扩大社员规模，为146 户社员捆绑贷款 644 万元，户均贷款 4.55 万元。截至 2017 年，捆绑社员户数增加到 247 户，总贷款额超过 1000 余万元。该村以互助资金为平台，撬动"千村信贷"，有效地解决了贫困群众基本生产和产业发展资金短缺问题，提高了群众自我发展能力，真正实现了由过去"输血式"扶贫向"造血式"扶贫的转变，为该村贫困农户脱贫致富和可持续发展提供强劲动力。通过"互助资金＋千村信贷"的试点实践，当地农户人均收入大幅提高，在 2006 ~ 2015 这十年间，人均收入增长了近 4 倍（从 1500元增加到 5000 余元）。在畜牧养殖方面，实现滩羊存量 17000 只。就目前而言，当地贫困农户的生产资金不足问题已经得到彻底解决，经济发展稳步提高，当地农户生活水平也同时得到了大幅提高。

---

[1]　2012 年为了有效缓解贫困地区农户发展生产资金短缺问题，根据国务院印发《中国农村扶贫开发纲要（2011 ~ 2020 年）》，宁夏扶贫办与宁夏黄河银行合作，利用村级互助资金机制优势，以村级互助资金社员为对象，利用村级互助资金捆绑信贷资金，放大扶贫资金的使用效果。

以下是两个宁夏互助资金支持贫困户的例子①：

案例 1：宁夏盐池县王乐井乡曾记畔村贫困农民牛某，2006 年家里一只羊也没有，2007 年加入互助资金借款 2000 元，买了 4 只生产母羊。2012 年利用"千村信贷"捆绑贷款 1 万元，2013 年、2014 年均捆绑贷款 3 万元，2015 年捆绑贷款 5 万元，现有羊 120 只。

案例 2：在调研过程中，曾经遇到这样的一个案例，当地贫困户张某由于一次意外事故，需要赔偿 10 万元。但是，张某家中本身有两个尚在上学的小孩，如果张某赔付这 10 万元，则或者家中小孩面临辍学的风险，或者家中原本养着的 16 只羊不能不变卖掉。即使短期内通过变卖 16 只羊能够维系一段时间，但长期来看，张某将失去最主要的经济来源，未来全家的生计堪忧。恰在此时，张某所在的王乐井乡曾记畔村开始试点实践互助资金，张某凭借初试缴纳的 800 元入社费，在之后的一年中从互助资金借款 2000 元，购买了饲料，维持了基本的畜牧养殖。三年后，张某又从互助资金借得 5000 元，进一步扩大了自己的畜牧养殖规模。截至 2012 年，养殖规模扩大到了 62 只。其后，随着张某所在的村子加入"千村信贷"工程，张某在 2013 年从互助资金处借得 4 万元，再次扩大养殖规模，2013 年时，张某的养殖规模已经增加到 90 只羊，收入水平大幅提高。

根据笔者实地调研，上述类似案例还很多。总之，互助资金与当地特色农业产业相结合的模式，变传统扶贫的"输血"模式为"造血"模式，真正实现了互助资金的因地制宜与可持续性。

互助资金本着"入会自愿、退会自由"的原则。互助资金的运行也有退出的情况，一是村庄自身经济相对较好，拥有自己的本土支柱产业，发展中需要额度超出互助资金项目能够支持的额度；二是太过于贫困的村庄，比如地理位置偏远，交通极其落后封闭，由于没有相关的产业支撑，无法发展有现金流的创收项目，贫困村农户没有资金需求，互助资金无法发挥作用。2015 年 8 月在隆德县穆川村和二滩村调研发现，他们对互助资金需求不足，互助资金基本没有运行。

6.5　本章小结

（1）利用宁夏回族自治区 13 个县 37 个贫困村 655 个农户的调研数

---

① 根据盐池县互助资金管理中心（2016）整理。

据，采用倾向得分匹配模型克服截面数据样本自选择带来的内生性问题，实证检验了农户参与互助资金对农户农业生产投入的影响，进而分析了提高其收入的作用效果。第一，互助资金与当地特色农业产业相结合的模式，变传统扶贫的"输血"模式为"造血"模式，真正实现了金融扶贫的因地制宜与可持续性。第二，互助资金显著增加农户生产投资支出，从而增加农户收入和家庭人均纯收入。

（2）运用加权最小二乘法，分析了贫困户与非贫困户获得互助资金后的农业生产投资情况。结果表明，与非贫困户相比，互助资金对贫困户的农业生产投资的影响更为显著。可能的原因是贫困户相比非贫困户缺少其他投资渠道，如果获得更多的互助资金借款，就会更多地投入农业生产中。对深处贫困地区、同时自身又是该地区收入水平最低的农户而言，初始资源禀赋不足的程度更为严重，此时，如果互助资金能够提供必要的资金支持，就有可能为这部分农户提供农业生产最原始且最必要的启动资金，使贫困户资金量增加到一定水平，实现农业投资的边际递增。而对非贫困农户，农业投资并没有受到流动性约束，他们所获得的贷款很可能被用于其他非农投资中。因此，对贫困户来说，更多的互助资金支持能产生更明显的刺激农业投资的效果。

（3）通过案例分析了互助资金与特色产业相结合，变传统扶贫的"输血"模式为"造血"模式，真正实现了金融扶贫的因地制宜与可持续性。互助资金发展成功的条件是当地有产业发展需求，但是又缺少发展资金。在这一前提下，互助资金如果与特色产业结合，对农户生产投资和收入就会形成良性循环。相反，如果太偏远的地区，又没有产业支撑，农户没有发展需求，就是给了互助资金借款，也没有偿还能力，互助资金也无法发展。

第 7 章

村级互助资金与扶贫贴息贷款
动态减贫效果比较

第 5 章和第 6 章分别从微观视角比较分析互助资金与扶贫贴息贷款的贫困目标瞄准以及互助资金的投资收入效应。本章将从宏观视角比较分析互助资金和扶贫贴息的动态减贫效果。首先采用《宁夏调查数据》的农村居民人均收入和收入分组的数据，运用世界银行提供的比较成熟的 Povcal 软件，测度宁夏农村家庭的贫困和收入分配状况；利用区级层面互助资金和扶贫贴息贷款的运行数据，构建 VAR 模型脉冲响应函数，分析互助资金和扶贫贴息贷款对贫困指数的冲击；利用市级层面的互助资金和扶贫贴息贷款的数据，构建面板 VAR 脉冲响应函数分析，比较两者对农民人均纯收入的影响，以期进一步验证互助资金和扶贫贴息贷款对农村贫困减缓的影响。

7.1 贫困程度的衡量

7.1.1 贫困线的选择

贫困线，又称贫困标准，是用于测量和识别贫困人口规模和贫困程度的重要基础和工具（黄承伟和覃志敏，2015）。准确测量和反映贫困状况首先需要对贫困线及其所代表的实际生活水平有一个清晰准确的判断，因而其设置对贫困研究非常关键。相关研究结果会随着度量线的不同而变化，使得贫困问题研究具有某种程度的不准确性和不可比性。1978 年以来，中国政府根据不同时期经济社会发展和生活水平的变化，先后多次调整贫困线用于指导扶贫实践活动。世界银行在开展国际贫困状况比较的过程中，也先后推出了多个国际贫困标准以适应不同发展时期的需求（刘慧，2016）。

中国现行官方贫困线为 2010 年价格水平下每人每年 2300 元标准，与世界银行的国际极端贫困线（是全球 15 个最贫困国家的国家标准的平均值，每天 1.9 美元）最为接近，基本符合国际标准（鲜祖德等，2016）。因此，采用现行农村贫困线开展相关研究，在一定程度上会提高研究结果的可比性和适用范围（王晓兵等，2016）。另有研究发现，跨时期贫困模拟分析需要各年使用相同的贫困线，本书将使用这一标准计算指数。

7.1.2 贫困指数的测算

7.1.2.1 贫困指数的定义

福斯特等（Foster et al.，1984）在《计量经济学杂志》（*Econometrica*）上发表一套贫困测量的分解方法。FGT 贫困指数的计算公式为：

$$P_\alpha(Y, z) = \frac{1}{n} \sum_{i=1}^{q} \left(\frac{z - Y_i}{z} \right)^\alpha \tag{7.1}$$

公式（7.1）中，Y_i 表示第 i 个人的人均纯收入，q 是贫困人口数量，n 是总人口。z 为贫困线，α 为非负数，也叫作贫困厌恶系数，数值越大，对贫困的厌恶程度就越高。

公式（7.2）中，当 $\alpha = 0$ 时，FGT 贫困指数就是贫困发生率，用 H 表示，也称贫困人口比重指数。其含义是贫困人口占总人口的比例。

$$P_0(Y, z) = \frac{1}{n} \sum_{i=1}^{q} \left(\frac{z - Y_i}{z} \right)^0 = \frac{1}{n} \times q = H \tag{7.2}$$

公式（7.3）中，当 $\alpha = 1$ 时，FGT 贫困指数等于贫困差距率，有时被称为贫困距指数。也被称为贫困深度指数。反映贫困人口的收入与贫困线之间的距离。

$$PG = P_1(Y, z) = \frac{1}{n} \sum_{i=1}^{q} \left(\frac{z - Y_i}{z} \right)^1 = \frac{1}{n} \sum_{i=1}^{q} \left(\frac{z - Y_i}{z} \right) \tag{7.3}$$

贫困深度指数是基于贫困人口的收入相对于贫困线的累加距离的基础上的，指现有贫困人口脱贫需要的收入总量占全部人口都脱贫需要的收入总量的百分比。

公式（7.4）中，当 α = 2 时，FGT 贫困指数称为平方贫困距指标，也称为贫困强度指数。

$$SPG = P_2(Y, z) = \frac{1}{n} \sum_{i=1}^{q} \left(\frac{z - Y_i}{z} \right)^2 \qquad (7.4)$$

SPG 是贫困强度指数，也称加权贫困缺口率，计算方法与贫困深度指数基本相同，只不过是给越穷的人以越大的权数。贫困强度指数可以衡量在穷人之中的穷人是否优先得到改善的情况下，更好地体现扶贫的成果（杨国涛和王广金，2006）。

7.1.2.2 贫困指数基本模型

农村贫困与收入分配状况的测度基于洛伦茨曲线（Lorenz curve）。Lorenz 曲线方程可以表达为：

$$L = L(P, \pi) \qquad (7.5)$$

公式（7.5）中，L 为累积收入分布百分比，P 是累积人口百分比，π 是待估参数向量。该曲线描述的是人口累计百分比 P 与收入累计百分比 L 之间的函数关系，用来反映居民收入分配差距状况。

根据已有的研究经验，本书中 1995 ~ 2016 年的每一测度年份同时采用两种模型，最后采用检验后更为精确的模型数据。世界银行设计的 Povcal 软件可供这两种模型同时运用（谢东梅，2009），因此，本书的测度和检验均运用 Povcal 软件。

维兰斯纳和阿诺德（Villaseñor and Arnold，1989）提出的 GQ 模型以及卡克瓦尼（Kakwani，1980）提出的 β 模型的函数式分别表达如下：

GQ 模型表示为：$L(1 - L) = a(P^2 - L) + bL(P - 1) + c(P - L)$ （7.6）

Beta 模型表示为：$L(P) = P - \theta P^{\gamma}(1 - P)^{\delta}$ （7.7）

公式（7.6）和公式（7.7）两个函数式确定后，运用宁夏调查年鉴上的宁夏农村居民人均纯收入分组数据和调查的户数，可以计算出 H、PG、SPG 指数。

7.1.2.3 贫困指数的数据来源及处理

利用国家统计局提供的 1995 ~ 2004 年《宁夏农村社会经济调查年鉴》；2006 ~ 2013 年《宁夏调查数据》，2005 年和 2014 ~ 2016 年《宁夏调查年鉴》中的"农村住户调查分组资料"获得相关数据。收入分组以农村居民人均纯收入为依据，收入组的划定在不同的年份间有所不同：宁夏农村 1995 年采用 12 分组，1996～2009 年采用 20 分组；2010～2012 年为 16 分组，2013 年为 15 分组，2014～2014 年为 10 分组。数据中包含各收入组调查的户数和每组人均纯收入均值（见附录 3），通过计算整理出各收入组调查的户数占总调查户数的比例。然后利用世界银行提供的 Povcal 软件①，选择使用的数据类型，确定贫困线和每组平均的人均纯收入后，在线运行软件。然后根据运行的结果，比较并选择拟合最优的洛伦兹曲线方程，估计出参数 a、b、c、θ、γ、δ 和贫困发生率、贫困深度和贫困强度指数（谢东梅，2009）。

时间序列需要剔除物价因素，使各年度的数据具有可比性。实证中使用的农村居民人均收入均使用宁夏农村居民消费者价格指数（consumer price index，CPI）予以调整（见表 7－1）。从表 7－1 中可以看出，在 CPI 调整之后，农村居民实际人均纯收入呈不断上升的趋势。

表 7－1　　　　　　　　1995～2015 年物价指数及人均纯收入

年份	宁夏农村 CPI 上一年 = 100	宁夏农村 CPI 2010 年 = 100	宁夏农民人均纯收入（名义）（元）	宁夏农民人均纯收入（实际）（元）	贫困线（实际）（元）
1995	116. 4	66. 9	1037	1550	2300
1996	106. 9	71. 5	1416	1980	2300
1997	103. 5	74. 1	1545	2085	2300
1998	99. 8	73. 9	1756	2376	2300
1999	98. 1	72. 5	1791	2470	2300
2000	99. 5	72. 1	1724	2391	2300
2001	102. 2	73. 7	1823	2474	2300
2002	99. 5	73. 3	1917	2615	2300
2003	102. 0	74. 8	2043	2731	2300
2004	104. 5	78. 2	2320	2967	2300
2005	101. 2	79. 1	2509	3172	2300
2006	102. 3	80. 9	2760	3412	2300
2007	105. 9	85. 7	3181	3712	2300
2008	109. 9	94. 2	3681	3908	2300

①　世界银行 Povcal 软件（http：//iresearch. worldbank. org/PovcalNet/index. htm？0，1）是世界银行的经济学家莱文尼和陈（Ravallion and Chen，2005）设计的贫困计算软件。

年份	宁夏农村 CPI 上一年 = 100	宁夏农村 CPI 2010 年 = 100	宁夏农民人均纯收入（名义）（元）	宁夏农民人均纯收入（实际）（元）	贫困线（实际）（元）
2009	101.5	95.6	4048	4234	2300
2010	104.6	100.0	4675	4675	2300
2011	107.3	107.3	5410	5042	2300
2012	101.7	109.1	6180	5665	2300
2013	103.8	113.2	6931	6123	2300
2014	101.6	115.1	8410	7307	2300
2015	101.0	116.3	9119	7841	2300

注：从 2014 年和 2015 年起为农村居民可支配收入。

资料来源：《宁夏调查年鉴》相关年份。

7.1.2.4 贫困指数计算结果

运用 Povcal 软件得到 1995～2015 年宁夏农村各年份相应的一组 P、L 值，通过 OLS 回归分析，拟合出 GQ 模型和 β 模型的参数值 a、b、c 和 θ、γ、δ，参数估计值经过 R^2 检验。检验结果显示，1995～2015 年宁夏农村各年份两种模型的参数估计值均通过检验。其中，1996 年、1997 年和 2001 年检验后则显示 β 模型更为精确，其他年份 GQ 模型的拟合结果更为优良（见表 7 - 2）。

表 7 - 2   1995～2015 年宁夏农村 Lorenz 曲线的参数估计及检验值

年份	模型	参数	估计值	标准差	T	R^2
1995	GQ	a	1.5924	0.0848	18.7685	0.9992
		b	- 1.2564	0.0804	- 15.6233	
		c	0.0630	0.0303	2.0773	
1996	β	θ	- 0.3054	0.0072	- 42.3472	0.9999
		γ	0.9537	0.0025	381.9890	
		δ	0.7342	0.0024	300.9820	
1997	β	θ	- 0.1916	0.0101	- 18.9480	0.9999
		γ	0.9801	0.0031	317.0820	
		δ	0.6767	0.0048	142.1130	

续表

年份	模型	参数	估计值	标准差	T	R²
1998	GQ	a	1.2682	0.0253	50.0540	0.9994
		b	−1.0377	0.0760	−13.6469	
		c	0.2265	0.0358	6.3263	
1999	GQ	a	1.1774	0.0132	88.9912	0.9997
		b	−0.9720	0.0487	−19.9483	
		c	0.2508	0.0227	11.0600	
2000	GQ	a	1.2100	0.0139	86.8056	0.9996
		b	−1.1265	0.0387	−29.1225	
		c	0.0873	0.0150	5.8176	
2001	β	θ	−0.1738	0.0107	−16.2069	0.9998
		γ	0.9844	0.0039	254.0920	
		δ	0.6254	0.0057	109.2120	
2002	GQ	a	1.1161	0.0134	83.2515	0.9997
		b	−0.9719	0.0561	−17.3380	
		c	0.2435	0.0256	9.5029	
2003	GQ	a	1.1621	0.0114	101.8070	0.9998
		b	−1.1614	0.0345	−33.6989	
		c	0.1398	0.0150	9.3333	
2004	GQ	a	1.1043	0.0217	50.9929	0.9994
		b	−1.2156	0.0622	−19.5290	
		c	0.1325	0.0278	4.7726	
2005	GQ	a	1.1039	0.0118	93.3222	0.9999
		b	−1.1456	0.0366	−31.2645	
		c	0.143	0.0155	9.2033	
2006	GQ	a	1.0103	0.0076	133.4360	0.9999
		b	−1.4636	0.0184	−79.6866	
		c	0.0799	0.0096	8.3187	
2007	GQ	a	0.9657	0.0152	63.5674	0.9998
		b	−1.3329	0.0371	−35.9472	
		c	0.0930	0.0170	5.4545	
2008	GQ	a	1.0313	0.0216	47.7855	0.9999
		b	−1.4786	0.0213	−69.3636	
		c	0.0219	0.0098	2.2415	

续表

年份	模型	参数	估计值	标准差	T	R²
2009	GQ	a	1.0352	0.0214	48.2955	0.9999
		b	−1.5351	0.0137	−112.3170	
		c	0.0037	0.0067	0.5599	
2010	GQ	a	1.1557	0.0124	93.3608	0.9998
		b	−1.5503	0.0210	−73.8486	
		c	0.0345	0.0114	3.0234	
2011	GQ	a	1.1574	0.0053	218.0860	0.9999
		b	−1.3948	0.0095	−146.6170	
		c	0.0841	0.0047	17.7697	
2012	GQ	a	0.9775	0.0060	163.7760	0.9999
		b	−1.4886	0.0126	−118.1180	
		c	0.0338	0.0061	5.5036	
2013	GQ	a	−0.3800	0.0093	−40.8677	0.9999
		b	0.9187	0.0038	242.1810	
		c	0.5977	0.0058	103.3520	
2014	GQ	a	0.9634	0.0113	85.1001	0.9999
		b	−1.3401	0.0135	−99.4213	
		c	0.0680	0.0061	11.0674	
2015	GQ	a	1.0528	0.0495	21.2822	0.9999
		b	−1.4269	0.0320	−44.6086	
		c	0.0664	0.0184	3.6002	

表7-3显示了贫困发生率、贫困深度和贫困强度三个指标变化趋势。宁夏贫困发生率大幅度下降，从1995年的75.5%下降到2015年的9%；贫困发生率下降的同时，贫困深度和贫困强度也保持了下降的趋势，1995年贫困深度为37.8%，到2015年为2.8%，贫困强度由24.1%下降为1.2%。三个指标下降趋势相似，只有在1997年和2009年出现贫困发生率下降，贫困深度和贫困强度反而增加的现象。

表 7 - 3　　　　　　　　　1995～2015 年宁夏农村居民贫困测算

年份	Povcal 软件计算			国家统计局监测数据
	贫困发生率	贫困深度	贫困强度	贫困发生率
1995	75.5	37.8	24.1	—
1996	61.6	26.0	14.5	—
1997	61.0	27.5	16.0	—
1998	58.3	24.8	13.8	—
1999	57.1	23.8	12.9	—
2000	54.8	24.4	14.4	—
2001	53.7	23.7	13.5	—
2002	49.8	19.6	10.1	—
2003	45.9	18.4	9.9	—
2004	41.1	15.7	8.2	—
2005	38.8	14.8	7.6	—
2006	30.3	10.4	5.1	—
2007	28.8	10.0	4.8	—
2008	25.0	9.8	5.6	—
2009	24.7	10.0	5.9	—
2010	20.3	7.9	4.3	18.3
2011	19.7	7.0	3.5	18.3
2012	15.2	5.6	2.9	14.2
2013	13.2	4.2	1.9	12.5
2014	11.1	3.5	1.6	10.8
2015	9.0	2.8	1.2	—

注：H、PG 和 SPG 是按照人均纯收入计算的贫困指标。
资料来源：根据《宁夏调查年鉴》1996～2016 年数据测算。

对比国家统计局的监测数据和 Povcal 软件计算的宁夏农村贫困发生率，两者相差在 1.5% 以下，说明 Povcal 软件计算的贫困指标是可靠的。

7.2　村级互助资金与扶贫贴息贷款对贫困程度的影响：VAR 脉冲响应分析

借鉴已有的研究，采用向量自回归模型（vector autoregression，VAR）比较分析互助资金与扶贫贴息贷款对贫困指数的影响。VAR 模型的优点是不拘泥于经济理论分析，可以利用有限数目的当期变量对变量自身和其他变量的滞后值进行回归，不需要更多的控制变量，更多依据数据自身的内在的特征来探讨经济变量之间的关系（张全红，2010）。

7.2.1　模型设定与数据来源

7.2.1.1　模型设定

本书分别选取互助资金和扶贫贴息贷款与贫困指数（包括发生率、贫困深度和贫困强度）两两变量构建 VAR 模型的动态关系，滞后阶数为 p 的 VAR 模型表达式为：

$$y_t = \phi_1 y_{t-1} + \phi_2 y_{t-2} + \cdots + \phi_p y_{t-p} + \phi D_t + \varepsilon_t \qquad (7.8)$$

公式（7.8）中，y_t 代表 2×1 阶内生当期变量列向量；D_t 包括常数项、线性项或其他一些前定的或非随机的解释项；ϕ_1，$\cdots$，ϕ_p，ϕ 为 2×2 阶参数矩阵；ε_t 为 2×1 阶随机误差列向量；p 为模型的滞后阶数。

7.2.1.2　数据来源

本书选择 2006 ~ 2015 年间共计十年的宁夏区级的互助资金运行数据和 1995 ~ 2015 年的扶贫贴息贷款数据，互助资金和扶贫贴息贷款数据主要来源于宁夏扶贫办及村级互助资金管理中心，所使用的各年数据都剔除物价的影响（以 2010 年不变价格折算）。从表 7 - 4 中人均互助资金和扶贫贴息贷款的数据可以看出，一般来说，当年扶贫贷款发放对象一般是参考上年人均收入水平，主要发放给中低收入人口，所以人均扶贫贴息贷款用当年扶贫贴息贷款总额除以 40% 的宁夏乡村人口；而互助资金的设置只能在试点村运行，所以用当年互助资金的规模除以试点村的人口数，所有扶贫贴息贷款和互助资金变量都用宁夏农村 CPI 调整到 2010 年的不变价格水平，以消除价格波动影响获得实际值。

表 7 - 4　　　　　村级互助资金和扶贫贴息贷款运行情况

年份	宁夏乡村人口（万人）	扶贫贴息贷款（万元）	人均扶贫贴息贷款（元）	互助资金试点村户数（户）	农村平均每户常住人口（人）	当年互助资金规模（万元）	人均互助资金规模（元）
1995	260.78	11958.15	114.64	——	——	——	——
1996	251.40	18181.82	180.81	——	——	——	——

续表

年份	宁夏乡村人口（万人）	扶贫贴息贷款（万元）	人均扶贫贴息贷款（元）	互助资金试点村户数（户）	农村平均每户常住人口（人）	当年互助资金规模（万元）	人均互助资金规模（元）
1997	251.21	24291.50	241.75	—	—	—	—
1998	254.27	28416.78	279.40	—	—	—	—
1999	257.79	40275.86	390.59	—	—	—	—
2000	373.94	37586.69	251.29	—	—	—	—
2001	375.56	40976.93	272.78	—	—	—	—
2002	376.07	47748.98	317.69	—	—	—	—
2003	365.96	40106.95	273.99	—	—	—	—
2004	349.10	57544.76	412.09	—	—	—	—
2005	344.13	15170.67	110.21	—	—	—	—
2006	344.37	22249.69	161.53	2929	4.51	324.99	246.02
2007	341.60	21003.50	153.72	12088	4.40	1133.44	213.10
2008	339.87	25477.71	187.41	30156	4.41	2843.65	213.83
2009	336.99	25104.60	186.24	174434	4.31	16602.88	220.84
2010	329.39	26133.00	198.34	304165	4.27	30166.64	232.27
2011	320.90	24603.91	191.68	369165	4.27	34735.96	220.36
2012	319.23	23836.85	186.68	373990	4.27	43256.80	270.87
2013	313.92	24381.63	194.17	390568	4.37	46072.71	269.94
2014	306.89	21025.20	171.28	450641	3.97	55538.64	310.44
2015	298.98	169991.40	1421.43	460710	3.92	63225.43	350.09

注：人均扶贫贴息贷款＝当年扶贫贴息贷款总额/（宁夏乡村人口×0.4），人均互助资金规模＝当年互助资金规模/（试点村户数×每户人口）。

资料来源：宁夏乡村人口和农村每户人口数量来源于《宁夏统计年鉴》；扶贫贴息贷款和互助资金来源于宁夏扶贫办。

7.2.2　变量的定义及描述性统计

对于时间序列处理的方法，一般来说是通过取对数和对数差分的方法。由于数据的自然对数不改变原有的协整关系，还能消除时间序列中存在的异方差现象，所以对所有数据取其自然对数，便于考察互助资金和扶贫贴息贷款减贫效果。根据以往的研究，时间序列有可能不平稳，需要通过对数差分形式来处理之后，进行描述性统计分析（见表7-5）。

表7-5　　　　　　　　　　变量的定义及描述性统计

变量符号	变量名称	观察值	均值	标准差	最小值	最大值
h	贫困发生率	21	37.85	19.81	9.00	75.50
pg	贫困深度	21	15.60	9.64	2.80	37.80
spg	贫困强度	21	8.66	5.94	1.20	24.10
rjhzzj	人均互助资金规模	10	254.78	45.95	213.10	350.09
ploan	人均扶贫贴息贷款	21	112.33	109.25	44.08	568.57
lh	贫困发生率的对数	21	3.47	0.63	2.20	4.32
lpg	贫困深度的对数	21	2.52	0.74	1.03	3.63
lspg	贫困强度的对数	21	1.88	0.82	0.18	3.18
lrjhzzj	人均互助资金规模的对数	10	5.53	0.17	5.63	5.86
lploan	人均扶贫贴息贷款的对数	21	4.53	0.54	3.79	6.34
dlh	贫困发生率的对数差分	20	-0.11	0.08	-0.26	-0.01
dlpg	贫困深度对数差分	20	-0.13	0.13	-0.37	0.05
dlspg	贫困强度对数差分	20	-0.15	0.18	-0.51	0.15
dlrjhzzj	人均互助资金规模对数差分	9	0.04	0.11	-0.14	0.21
dlploan	人均扶贫贴息贷款对数差分	20	0.12	0.60	-1.32	2.12

7.2.3　实证结果分析

下面比较分析两种扶贫资金对宁夏农村贫困变化的动态影响。由于反映农村贫困指数的变化有三个变量，即贫困发生率、贫困深度和贫困强度。将三个反映贫困状况的变量分别与互助资金和扶贫贴息贷款进行两变量 VAR 模型回归，一共有六个方程。

7.2.3.1　各时间序列变量的平稳性检验

运用 VAR 模型估计的可靠性依赖于所选取的变量的平稳性。为此，在检验各内生变量之间是否存在协整关系之前，需要先对时间序列的平稳性进行检验。严格地说，在一个 m 变量的 VAR 模型中，所有的 m 个变量都应该是联合平稳的，否则就有必要适当变换数据。首先，对模型中的所有序列均进行对数转换，转换后的时间序列，其一阶差分表示按百分比变化的增长率，从而降低了数据的不稳定性。然后采用 ADF 单位根检验方法来确定变量的平稳性。ln 和 D 分别表示相应序列的自然对数和一阶差分。借助 EViews7.0 软件，采用 ADF 检验方法对变量的平稳性进行检验，检验结果如表7-6所示,在5%的显著性水平下,所有变量的自然对数存在单位根,是不平稳的。经过一阶差分后,不存在单位根,是平稳的。

表7-6 单位根检验结果

变量	ADF 检验值	5% 显著性水平	结果
贫困发生率的对数	2.086	-3.030	不平稳
贫困发生率的对数差分	-4.719	-3.040	平稳
贫困深度的对数	0.998	-3.021	不平稳
贫困深度的对数差分	-4.950	-3.030	平稳
贫困强度的对数	0.516	-3.021	不平稳
贫困强度的对数差分	-4.914	-3.030	平稳
人均扶贫贴息贷款的对数	-2.411	-3.021	不平稳
人均扶贫贴息贷款的对数差分	-4.202	-3.030	平稳
人均互助资金规模的对数	0.381	-3.000	不平稳
人均互助资金规模的对数差分	-3.544	-3.000	平稳

7.2.3.2 最优滞后期及回归结果

选择系统内解释变量的最优滞后期是 VAR 模型的关键。选择了不恰当的滞后期,会对分析结果造成不利影响,如果滞后阶数过小,残差可能存在自相关,并导致参数的不一致估计;如果所选滞后阶数过大,待估参数过多,会大大降低模型的自由度,直接影响模型参数估计的有效性。依据提供的 LR 统计量、FPE 信息准则、AIC 信息准则、SC 信息准则和 HQ 信息准则这五个常用指标来进行选择。五个指标中 LR 统计量和 FPE 信息准则选择当期最优,其余三个准则都选择了 1 为最优滞后阶数,本书选择 VAR (1) 模型,回归结果(见表7-7)。

表7-7 VAR 模型估计结果:互助资金对贫困程度的影响

模型		系数	标准误	t 值
模型一:人均互助资金规模与贫困发生率	人均互助资金规模(t-1)	-0.8661*	0.4659	-1.8588
	贫困发生率(t-1)	-0.7514	0.5454	-1.3779
模型二:人均互助资金规模与贫困深度	人均互助资金规模(t-1)	-1.0915*	0.6343	-1.7208
	贫困深度(t-1)	-0.6109	0.5761	-1.0604

续表

模型		系数	标准误	t 值
模型三：人均互助资金规模与贫困强度	人均互助资金规模（t-1）	-1.6100 *	0.8496	-1.8949
	贫困强度（t-1）	-0.2708	0.6561	-0.4127

注：*** 、** 和 * 分别表示在 1%、5% 和 10% 显著性水平下显著。

  表 7 - 7 回归结果表明，互助资金滞后 1 阶对贫困发生率、贫困深度和贫困强度有负向影响，且在 10% 显著性水平下显著。结果验证了之前的假说，互助资金与贫困指数呈负相关关系。

  表 7 - 8 回归结果表明，扶贫贴息贷款滞后 1 阶对贫困发生率、贫困深度和贫困强度有正向影响，且在 5% 显著性水平下显著。同样验证了之前的假说，扶贫贴息贷款抑制贫困减缓。分析互助资金和扶贫贴息贷款对贫困指数的影响，发现互助资金对贫困减缓的作用比扶贫贴息贷款显著。

表 7 - 8　　　　VAR 模型估计结果：扶贫贴息贷款对贫困程度的影响

模型		系数	标准误	t 值
模型一：人均扶贫贴息贷款与贫困发生率	人均扶贫贴息贷款（t-1）	0.1188 ***	0.0393	3.0234
	贫困发生率（t-1）	0.0720	0.2124	0.3389
模型二：人均扶贫贴息贷款与贫困深度	人均扶贫贴息贷款（t-1）	0.1849 ***	0.0645	2.8644
	贫困深度（t-1）	0.2188	0.2591	0.8446
模型三：人均扶贫贴息贷款与贫困强度	人均扶贫贴息贷款（t-1）	0.2394 **	0.1075	2.2266
	贫困强度（t-1）	0.1275	0.2658	0.4797

注：*** 、** 和 * 分别表示在 1%、5% 和 10% 显著性水平下显著。

7.2.3.3　VAR 模型稳定性检验

  建立好 VAR 模型以后，需要验证模型的稳定性。若被估计的模型不稳定，则得到的结果就有可能是无效的。依 VAR 模型稳定性条件的判断标准，即当 VAR 模型的特征方程的所有根的倒数都小于 1，即位于单位圆内，说明所估计的模型是稳定的；若特征方程的根的倒数大于 1，说明所估计的模型不稳定，得到的结果有些是无效的。通过 AR 根图来对 VAR 模型的稳定性进行检验，如图 7 - 1 所示，所有方程根的倒数都位于单位圆内，VAR（1）模型整体具有稳定性（张全红，2010）。

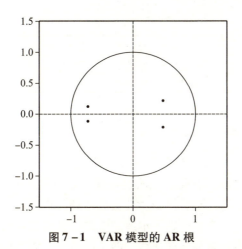

图7-1 VAR模型的AR根

其次，进行协整检验。利用约翰森（Johansen）检验来判断变量之间是否存在协整关系以及变量之间的符号关系。如果一些经济指标被某经济系统联系在一起，从长远看这些变量应该具有均衡关系，这就是建立和检验模型的基本出发点。因此这里对变量进行协整关系检验。从前面平稳性检验的结果可知，原始序列为一阶单整 I（1），可以进行协整检验，检验结果如表7-9所示。变量协整关系的检验结果可以看出，不论是特征根迹检验还是最大特征值检验，变量之间都存在1个协整关系（陈守东和王淼，2011）。

表7-9　　　　　　　　　　　　协整检验结果

项目		特征值	迹统计量	1%临界值	P值
（1）贫困发生率与人均扶贫贴息贷款	None	0.3215	10.4315	15.4947	0.2490
	At most 1	0.1744	3.4503	3.8415	0.0632
（2）贫困深度与人均扶贫贴息贷款	None	0.3269	14.0539	15.4947	0.0815
	At most 1	0.3195	6.9283	3.8415	0.0085
（3）贫困强度与人均扶贫贴息贷款	None	0.4526	18.2979	15.4947	0.0184
	At most 1	0.3390	7.4519	3.8415	0.0063
（4）贫困发生率与人均互助资金规模	None	0.9905	32.7226	15.4947	0.0001
	At most 1	0.0188	0.1328	3.8415	0.7155
（5）贫困深度与人均互助资金规模	None	0.9951	41.5107	15.4947	0.0000
	At most 1	0.4627	4.3484	3.8415	0.0370

续表

项目		特征值	迹统计量	1%临界值	P值
(6) 贫困强度与人均 互助资金规模	None	0.9855	36.2337	15.4947	0.0000
	At most 1	0.6099	6.5898	3.8415	0.0103

7.2.3.4 脉冲响应函数分析

VAR 模型中每个系数只是反映了一个局部的动态关系，而不能捕捉全面复杂的动态关系，因此，无法通过模型估计值来解释和分析 VAR 模型，需要借助 IRF 脉冲响应函数才能更好地评价自变量对因变量的影响。

图 7-2 至图 7-7 中横轴表示追溯阶数，纵轴表示因变量对自变量的响应程度；实线表示脉冲响应曲线，两条虚线则代表两倍标准误差的响应曲线。

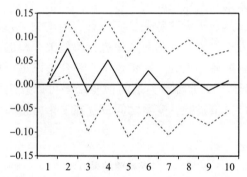

图 7-2　人均扶贫贴息贷款对贫困发生率的影响

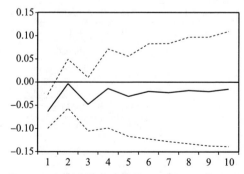

图 7-3　人均互助资金规模对贫困发生率的影响

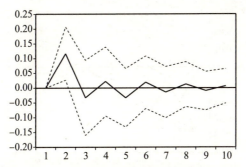

图7－4　人均扶贫贴息贷款对贫困深度的影响

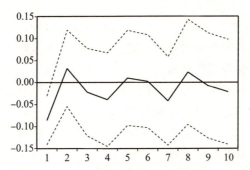

图7－5　人均互助资金规模对贫困深度的影响

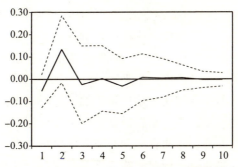

图7－6　人均扶贫贴息贷款对贫困强度的影响

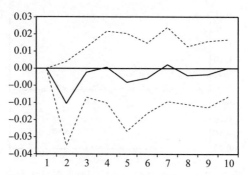

图 7 - 7   人均互助资金规模对贫困强度的影响

由图 7 - 2 和图 7 - 4 发现，扶贫贴息贷款对贫困发生率和贫困深度的影响在第一期后半期和第二期有显著正向影响。这说明在短期，提高扶贫贴息贷款规模，贫困发生率和贫困深度反而会增加，即抑制减贫效果。第二期以后影响慢慢减少，并在5%的显著性水平下没有通过检验。因此长期效果无法判断，需要进一步的观察。

由图 7 - 3 和图 7 - 5 发现，互助资金规模对贫困发生率和贫困深度的影响在第一期有显著负向影响，说明在短期达到较佳减贫效果。与扶贫贴息贷款相比，互助资金在第二期之后影响也慢慢减少，并在5%的显著性水平下没有通过检验。说明提高互助资金的规模，在短期会使贫困发生率下降，贫困深度减缓，达到一定减贫效果，但长期效果也需要进一步观察。

由图 7 - 6 和图 7 - 7 发现，扶贫贴息贷款和互助资金对贫困强度的影响虽然得到预期的方向，但是在5%的显著性水平下没有通过检验，所以两者对贫困强度的影响尚需进一步观察。

总之，对比互助资金和扶贫贴息贷款的脉冲响应图，再次从宏观视角验证了短期内互助资金比扶贫贴息贷款更有利于降低贫困发生率、贫困深度的假说，但从长期看，这两者的动态减贫效果都需进一步观察。上述的研究结果与已有的研究结论相对一致。李实和罗楚亮（2007）用县人均三项扶贫资金投入以及农户得到的贴息贷款等变量，评价政府扶贫资金的使用效果。结果发现，任何变量都没有得到所期待的系数和显著性水平，认为扶贫资金对缓解农村地区的贫困程度没有显著的效果和作用，可能的原因是国定贫困县的富裕农户从扶贫资金投入中受益更大。叶初升和张凤华（2011）研究了政府减贫行为的动态效应，结果表明，大部分的扶贫信贷资金发放给对提高政府财政收入有利的乡镇企业或县办企业，而没有给贫困农户带来多少利益。因而，总体看来，扶贫贴息贷款并未起到减轻农村贫困的作用，甚至成为抑制农村贫困减缓的因素之一。

7.3　稳健性检验：面板 VAR 脉冲响应分析

由于数据的限制，上节运用自治区级数据分别分析互助资金和扶贫贴息贷款两种政策取向对贫困的发生率、贫困深度和贫困强度的影响。要剔除政策重合期效应，需要进一步用详细的数据，把互助资金和扶贫贴息贷款放在同一个模型分析。本节用 5 个市、10 年的面板数据，进一步运用面板 VAR 模型比较分析互助资金和扶贫贴息贷款的动态减贫效应。由于缺少市级层面的收入分组数据，无法计算市级层面的贫困发生率、贫困深度和贫困强度，所以用人均纯收入来分析。

7.3.1　模型设定与数据来源

7.3.1.1　模型设定

本书分别选取互助资金、扶贫贴息贷款和人均纯收入三个变量来构建面板 VAR 模型，研究三个变量之间的动态关系，滞后阶数为 p 的 VAR 模型表达式为：

$$\lambda_0 y_{it} = \eta_{it} + \sum_{j=1}^{n} \lambda_j y_{i,\,t-j} + D_{it} + \varepsilon_{it} \tag{7.9}$$

与时间序列 VAR 的区别，面板 VAR 内生变量矩阵需要与变量相关矩阵 λ_0 相乘。y_{it} 表示内生变量矩阵；$y_{i,\,t-j}$ 是内生变量之后项组成的解释变量矩阵，λ_j 是滞后第 j 阶的估计矩阵，D_{it} 是为了克服截面相关性带来结构变动的特定冲击设置，η_{it} 是体现市级个体差异的固定效应项，ε_{it} 是随机误差项。在满足一定的约束条件后，采用广义矩阵 GMM 对方程进行估计，根据蒙特卡罗过程进行面板脉冲与方差分解。

7.3.1.2　数据来源

本书选择 2006~2015 年的宁夏五市的人均互助资金财政投入、人均扶贫贴息贷款及农民人均纯收入数据。互助资金和扶贫贴息贷款数据来自宁夏扶贫办和互助资金管理中心，根据历年县域互助资金和扶贫贴息贷款的运行数据整理计算。农民人均纯收入来源于国家统计局《宁夏统计年鉴》，所使用的各年数据都剔除物价的影响（以2010年不变价格折算）。变量的定义及描述性统计，见表7-10。

表7-10 变量的定义及描述性统计

变量符号	变量名称		平均值	标准差	最小值	最大值
rjcz	人均互助资金财政投入	总体	172.30	82.07	54.4	419.94
		组间	—	47.34	96.68	209.50
		组内	—	70.28	61.34	389.54
ploan	人均扶贫贴息贷款	总体	265.70	425.44	25.14	2332.73
		组间	—	173.33	50.49	473.16
		组内	—	396.09	4.86	2125.27
avincome	人均纯收入	总体	5607.14	1809.58	2379.48	9585.55
		组间	—	1363.52	3869.31	7187.09
		组内	—	1330.11	3639.80	8189.97

7.3.2 脉冲响应分析

脉冲响应函数是用来衡量随机扰动项的一个标准差的冲击对其他变量当前和未来取值的影响轨迹，能比较直观地刻画出变量之间的动态交互作用和效应，并从动态反应中判断变量间的时滞关系。本书通过给予变量一个标准差的冲击，使用蒙特卡罗（Monte Carlo）模拟了50次得到脉冲响应函数（见图7-8），并给出了95%的置信区间。图7-8中横轴代表冲击反应的响应期数，滞后期数为6，纵轴表示内生变量对于冲击的响应程度（张亦春和彭江，2014）。

从图7-8中（g）和（h）两个小图可以看出：第一，给予互助资金一个标准差的冲击，人均纯收入最初会产生较剧烈的正向影响，随后的2~6期影响程度最终趋向于一个很小的正响应值，总体看均为正向影响。说明互助资金的变动会对人均纯收入在当期产生正向促进作用，但影响不具有长期性。第二，给予扶贫贴息贷款一个标准差的冲击，人均纯收入最初会产生较剧烈的负向影响，随后的2~6期影响程度最终趋向于一个更小的正响应值。说明扶贫贴息贷款的变动会对人均纯收入在当期产生负向促进作用，但影响也不具有长期性。

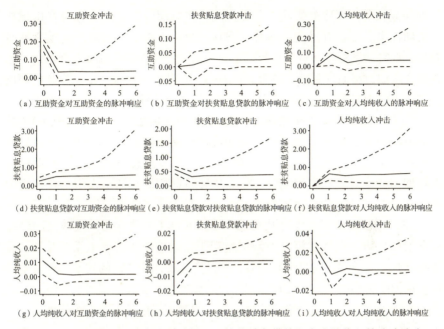

图 7-8　一阶滞后互助资金财政投入、扶贫贴息贷款和人均纯收入的脉冲响应

通过稳健性检验，互助资金与扶贫贴息贷款的短期效果得到验证，相比扶贫贴息贷款，互助资金对贫困减缓起到一定的积极作用，长期效果未能得到验证。可能的原因，一方面是互助资金的设立时间较短，还需进一步观察；另一方面也在一定程度上说明贫困减缓受各种影响因素影响，信贷扶贫要达到一定的效果需要其他扶贫政策的配套实施。只有在贫困农户有发展能力和发展愿望的条件下，如果缺少生产投资资金，这时给予信贷支持，才能实现较好的减贫效果。

7.4　本章小结

本章利用了《宁夏调查数据》和《宁夏统计年鉴》数据，测度了宁夏贫困指数，并构建 VAR 脉冲响应函数分析了互助资金与扶贫贴息贷款的动态减贫效果。

（1）利用了宁夏区级层面互助资金和扶贫贴息贷款的运行数据，构建 VAR 模型脉冲响应函数，分析了互助资金和扶贫贴息贷款对贫困发生率、贫困深度和贫困强度的影响。研究发现，在短期内，互助资金对贫困指数有负向冲击，提高互助资金规模，贫困程度会减少，一定程度上实现减贫效果；扶贫贴息贷款对贫困指数有正向冲击，提高扶贫贴息贷款规模，贫困程度会增加，反而抑制减贫效果。这表明，互助资金比扶贫贴息贷款的短期减贫效果更为显著，但是长期看，两者减贫效果均没有通过统计检验。

（2）利用了宁夏五个市 2006～2015 年的面板数据，运用面板 VAR 的脉冲响应函数，对比分析互助资金和扶贫贴息贷款对农民人均纯收入的影响，进一步验证之前的观点，具体而言，与扶贫贴息贷款相比，互助资金在短期内能促进农民人均纯收入，而扶贫贴息贷款有抑制作用；在长期中两者都没有统计上的显著影响。

（3）通过对互助资金和扶贫贴息贷款两种不同的信贷扶贫政策的动态减贫效果比较，在扶贫资金有限的情况下，政府应该更多地发展互助资金来提高减贫的效果。但是从长期看，互助资金要达到一定的效果需要其他扶贫政策的配套实施。只有在贫困农户有发展能力和发展愿望的条件下，如果缺少生产投资资金，这时给予信贷支持，才能实现更显著的减贫效果。

第 8 章

研究结论与政策建议

8.1 研究结论

本书研究结果表明相比扶贫贴息贷款，互助资金在短期内实现了一定的减贫目标。互助资金凭借合作金融和小额信贷的制度优势实现干预贫困农户的信贷市场，与扶贫贴息贷款相比，互助资金提高了贫困农户的信贷可获性、增加了贫困农户的覆盖面；互助资金通过增加贫困农户初始投资资金，引导贫困农户改变消费偏好，为农户提供生产性投资资金，使得贫困村农户能尽快摆脱贫困陷阱。由于互助资金和扶贫贴息贷款的目标群体差异，对不同收入水平农户的影响有差异，进而对贫困程度的影响有差异。信贷扶贫要达到一定的效果需要一定条件并与其他扶贫政策配套实施。只有在贫困农户有发展能力和发展愿望的条件下，如果缺少生产投资资金，这时给予信贷支持，才能实现更显著的减贫效果。

8.1.1 与扶贫贴息贷款相比，村级互助资金的服务目标有一定的下沉

（1）通过描述性分析发现，互助资金在贫困覆盖深度方面比扶贫贴息贷款更具优势。在宁夏 655 户农户中，获得互助资金借款的比例约为 34%，获得扶贫贴息贷款的比例约为 14%。在试点村 492 户农户中，获得互助资金借款的比例约为 45.33%，获得扶贫贴息贷款的比例约为 14.23%；按收入五等分组比较，在 655 户农户的最低收入组中，互助资

金借款的比例为 38.17%，获得扶贫贴息贷款的比例约为 8.4%。在试点村 492 户农户的最低收入组中，互助资金借款的比例为 49.49%，获得扶贫贴息贷款的比例仅为 9.09%。

（2）以宁夏 11 个县 29 个村庄 492 个农户作为样本，运用 Heckman 两阶段样本选择模型分析互助资金受益目标群体，以此来分析互助资金的贫困瞄准问题。研究发现，在控制其他变量的前提下，农户人均纯收入显著影响互助资金的参与和使用，而且人均纯收入对农户参与和使用互助资金程度的影响是非线性的且呈倒 U 形关系，人均纯收入在 2600～2800 元之间的农户受益最多。运用 Logit 模型和 Tobit 模型分析具备哪些家庭特征的农户更有可能参与使用扶贫贷款。研究发现，与互助资金的结果比较类似，人均纯收入对农户参与和使用扶贫贷款的影响也是非线性的且呈倒 U 形关系，但是人均纯收入在 4300～4500 元之间的农户受益最多，目标有明显的偏移。总体来看，相比扶贫贴息贷款模式，互助资金的服务目标有所下沉，但是互助资金使用排斥富裕农户的同时也未能完全覆盖最贫困的农户。这可能是由于金融扶贫的"铁律"决定的。金融扶贫要求偿还性，对那些缺乏发展生产能力的最贫困的农户，应该由财政无偿援助。还要提高贫困农户的发展能力，否则即便向其提供贷款，也不能得到有效地使用。

8.1.2 村级互助资金增加了农户生产性投资规模，提高了农户的收入水平

（1）通过案例分析了互助资金与特色产业相结合，变传统扶贫的"输血"模式为"造血"模式，真正实现了金融扶贫的因地制宜与可持续性。互助资金发展成功的条件是当地有产业发展需求，但是又缺少发展资金，在这一前提下，互助资金如果与特色产业结合，对农户生产投资和收入就会实现良性循环。

（2）利用宁夏 13 个县 37 个贫困村 655 个农户的调研数据，构建 PSM 模型克服农户参与互助资金行为的样本选择偏误和内生性问题，评估互助资金对农户家庭农业生产投资与收入的影响。主要的研究结论如下：第一，互助资金与当地特色农业产业相结合的模式，变传统扶贫的"输血"模式为"造血"模式，真正实现了金融扶贫的因地制宜与可持续性；第二，互助资金显著增加农户生产投资支出，从而增加农户收入和家庭人均纯收入。

（3）分析了互助资金对贫困户和非贫困户农业生产投资支出的影响差异，发现贫困户获得互助资金，带动农业生产投资的效果更为显著。可能的原因是贫困户相比非贫困户更缺少其他投资渠道，如果能获得更多的互助资金借款，就会更多投入农业生产中。对深处贫困地区、同时自身又是该地区收入水平最低的农户而言，初始资源禀赋不足的程度更为严重，此时，如果互助资金能够提供必要的资金支持，就有可能为这部分农户提供农业生产最原始且最必要的启动资金，使贫困户资金量增加到一定水平，实现农业投资的边际递增。而对非贫困农户，农业投资并没有受到流动性约束，他们所发生的借贷很可能被用于其他非农投资中。因此，对贫困户来说，更多的互助资金支持能产生更明显的刺激农业投资的效果。

8.1.3　与扶贫贴息贷款相比，村级互助资金在短期有一定的减贫效果

基于历年《宁夏调查数据》和《宁夏统计年鉴》中农村居民人均收入和收入分组的数据，运用世界银行 Povcal 软件，测度农村家庭的贫困程度和收入分配状况，结合互助资金和扶贫贴息贷款数据，建立向量自回归 VAR 模型和面板 VAR 模型，比较了扶贫贴息贷款和互助资金动态减贫效果。

（1）研究发现，短期内，互助资金对贫困指数有显著的负向冲击，提高互助资金规模，贫困程度会减弱，实现一定的减贫效果；扶贫贴息贷款对贫困指数有正向冲击，提高扶贫贴息贷款规模，贫困程度会增加，反而抑制减贫效果。这表明，互助资金比扶贫贴息贷款的短期减贫效果更为显著，互助资金对贫困程度具有显著的减缓作用。

（2）通过稳健性检验，互助资金在短期促进农民人均纯收入的增长，扶贫贴息贷款在短期抑制农民人均纯收入的增长，进一步验证了上述结论。

8.2　政策建议

通过对互助资金和扶贫贴息贷款两种不同的信贷扶贫政策的减贫效果比较，在扶贫资金有限的情况下，政府应该更多地发展互助资金来提高减贫的效果。但是随着经济发展水平的提高，互助资金由于资金规模小、期限短等缺陷，对农户的吸引力有所下降。真正实现政策预定的目标，还需

采取一系列行之有效的整改措施。

8.2.1 进一步规范村级互助资金运行，并扩大其覆盖面

（1）规范化运作，提高贫困瞄准精度。从互助资金供给方面来看，一要规范互助资金运作，完善相关制度，消除贫困农户的参与障碍，例如，对贫困户赠股、配股等，避免社区中贫困户由于无法负担入股费用而被排除在外的现象；二要合理借鉴和利用小额信贷经验，设定合理的贷款利率，分期还款制度等，降低富裕农户过多占用信贷资金的可能性。

从前文的研究中可以看到，农户所在村距离金融机构距离越远，农户对现有金融服务越不满意，农户参与村级资金互助组织的积极性越高，因此，为了提高村级资金互助组织的活力和发展潜力，在选拔试点村时，应该充分考虑申报村的实际情况，选择现有金融服务竞争激烈程度较低，交通状况较差的村庄进行试点，以更大程度上帮助贫困地区农户的生产发展，提高经济落后村经济发展水平。

一要规范村级资金互助组织运作，完善相关制度，消除贫困农户的参与障碍，例如，对贫困户赠股、配股，避免社区中贫困户由于无法负担入股费用而被排除在外的现象；二要合理利用小额信贷技术，例如，贷款利率高于当地农信社利率、小额短期的贷款原则、分期还款等，有效地排除当地富裕农户地参与，此外，贷款产品不能固定不变，需要根据不同发展阶段设计不同的产品，以满足不断变化的市场状况和需要，贷款额度和利率的设定需要根据市场的变化并以多数人（特别是贫困户）受益为基本原则，在保证资金安全运行的前提下，进一步提高农户借款的灵活性，以更好地适应农村生产经营，使"互助资金"的优势得以充分体现。

（2）建立激励机制，扩大互助资金的覆盖面。充分发动基层村干部的积极性，加大发展互助资金的便捷性和利民作用的宣传力度，提高农户对互助资金的认知，有效动员最贫困户参与进来并从中受益，扩大互助资金贫困覆盖面。通过充分宣传，有效动员农户，尤其是贫困户或中低收入农户，鼓励其参与，做好对农户的释疑解难工作，使其充分认识到发展互助资金的便捷性和利民作用，使更多贫困农户或低收入农户加入并从中受益，但要避免为了提高农户参与率而盲目扩大宣传村级资金互助组织的好处，错误地引导农民，使农民产生误解，已经在运作的村级资金互助组织规范运作，做好示范作用，吸引更多农户参与，扩大覆盖面。

8.2.2 加强与金融机构垂直链接，加大对村级互助资金的支持力度

（1）扩大资金来源，建立与农村信用社的垂直链接，解决贫困农户的资金不足问题。通过"千村信贷"即"互助资金＋银行信贷"，通过财政贴息，根据实际情况对信誉良好的贫困户给予放大 1~5 倍的贷款，最高每户可贷款 5 万元，并根据额度给予不同档次的优惠，财政给予贴息。互助资金利用农村社区内信息优势和成本优势，来解决农村正规金融机构为农户提供贷款时往往面临着严重的信息不对称和交易成本较高问题。因此，"互助资金＋银行信贷"作为农村正规金融机构和农户之间联系的一个纽带，互助资金社员以互助资金作担保向正规金融机构贷款，进而增加资金互助资金实力，不仅满足了农户的资金需求，还提高了正规金融的支农效益，更重要的是打破了农户贷款中"担保难"的问题，为农民增收起到促进作用。

（2）充分发挥财政资金对金融扶贫的资金撬动和放大作用。加大对互助资金的支持力度，进一步规范贫困村资金互助资金的运作机制，扩大互助资金试点覆盖面。增加试点村的资金扶持力度，尤其加大对贫困户的资金支持力度，实现农村地区的金融普惠，满足农户的金融需求。

8.2.3 发挥村级互助资金的优势，为农户提供一些非金融服务

穷困农户不仅缺钱，还缺少其他的服务，包括农产品市场信息、价格、渠道等，帮助农户提高市场可得性，也包括创业技能辅导、农业农艺技术、生产资料、气象服务等，帮助农户提高技术可得性和新技术使用技能。仅有资金不一定能够保证互助资金使用的效率。

互助资金为社员农户提供借款服务，资金只是农户发展生产必要的手段和工具，而并非发展生产的全部内容。因此，互助资金若只是单纯性地开展资金借贷合作业务，与扶贫贴息贷款就没有本质的区别，其综合的运行绩效将大打折扣，长期来看对农户的吸引力也会受到一定影响。此外，互助资金发展到一定阶段后，必然要面对更大的市场风险，从而需要过渡成另一种与市场联结更加紧密的形式。因此，如何将金融要素与生产技术

要素充分融合、如何将资金运作与扶贫开发有机地结合起来，开辟多元化、综合化的扶贫服务项目，是关系到财政扶贫资金效益最大化的关键问题。

8.2.4 进一步推动村级互助资金与优势特色产业结合

随着贫困村农户发展特色优势产业，农业投入的资金缺口存在逐步放大的趋势。应当充分发挥互助资金缓解贫困人群资金压力、提高信贷可获得性的重要作用。政府部门应当进一步结合贫困农户农业生产性资金需求的特点，发挥互助资金精准扶贫的优势，加大与扶贫重点县区域特色产业资源优势结合，壮大特色产业帮助农民加大农业投资、提高农业产出以实现增收。一方面，借鉴宁夏盐池县金融创新扶贫模式，有效地将互助资金与其他金融机构联合起来，更能够实现扶贫的现实效果；另一方面，要引导贫困村的金融扶贫与当地特色产业相结合，以"一村一品""一乡一业"的产业特色为支持重点，以产业带动当地的经济发展，实现扶贫实践的可持续性。

8.3 进一步研究展望

（1）本书以较为成熟的金融反贫困理论作为研究的理论基础分析互助资金的减贫机制，尽管研究中对互助资金内外部的管理机制作了一定的分析，但依然不够深入。对制约互助资金减贫效果的一些考虑的还不够全面。尤其是，互助资金参与主体（贫困农户、村委会、金融机构等）之间的目标函数也不一样，本书尚没有将这些不同主体之间的博弈分析纳入进来，如果能够补充这部分的研究，或许可以使得本书的分析框架更加完善。

（2）进行更加细致的农户追踪调查，收集中国互助资金省级数据和贫困指数的面板数据，扩大调研范围，以期获得全国互助资金的相关数据及其他省份农户微观调查数据，进一步完善本书研究。

（3）进一步分析互助资金使用效果存在地区差异和村庄差异。互助资金的使用效果在地区之间差异和同一地区的不同村庄之间差异很大，有些地区农户入股的积极性较高，有些地区农户资金需求量小，农户资金的使用效率较低。分析其背后产生差异的具体原因，以期提出更有针对性的政策建议，可以更好地服务于今后的扶贫实践工作。

附录1 宁夏农户调查问卷

第一部分 人口家庭统计学特征

一、家庭成员的基本信息

问题	选项	答案
A1 性别	1＝男，0＝女	
A2 民族	1＝回族，0＝汉族	
A3 年龄	岁	
A4 健康水平（是否有日常活动能力障碍）	1＝健康；0＝活动有障碍	
A5 文化程度	0＝未念过；1＝5年小学；2＝9年初中；3＝12年高中及以上	
A6 您的职业	1＝常年在家务农；2＝常年外出打工；3＝平时打工，农忙回来；4＝个体经营者	
A7 家里人是否有当村干部	1＝有；0＝没有	
A8 家里人有专业手艺人数（如开车、裁缝、泥瓦匠）	人	

	A9 家庭常住人口数	A10 劳动力人口数	A11 在校子女数	A12 0～16岁人口数	A14 60岁以上人口数
2014年					
2010年					

二、家庭经济情况

问题	选项	答案
B1 离村委会的距离	里	
B2 离最近的金融机构距离	里	
B3 家里有多少土地	亩	
B4 住房价值	万元	
B5 住房结构	1 = 土坯房；2 = 土木；3 = 砖木；4 = 钢筋混凝土	
B6 家里厕所	1 = 旱厕；2 = 卫生冲水厕所	
B7 家里做饭燃料	1 = 柴火；2 = 电或气	
B8 家庭饮用水水源	1 = 运水；2 = 井水；3 = 自来水	
B9 您家是否是建档立卡贫困户	1 = 是；0 = 否	
B10 您为什么被定位贫困户	1 = 人均收入低于贫困线；2 = 有常年病人；3 = 小孩上学负担太重；4 = 受灾	
B11 您知道村里是如何确定贫困户的吗	是 = 1；否 = 0	
B12 您家人是否参加新型农村合作养老保险	1 = 都参加了；2 = 部分参加；3 = 都没有参加	
B13 您家人是否参加农村新型合作医疗保险	1 = 都参加了；2 = 部分参加；3 = 都没有参加	
B14 如果有一项投资需要 10000 元，您家只有 5000 元，你是	1 = 借款 5000 元去投资；2 = 不借款、不去投资	
B15 家庭收入是否稳定（脆弱性）	1 = 很稳定；2 = 基本稳定；3 = 波动很大	
B16 您家的经济状况在同村中的水平	5 = 很富裕；4 = 中上；3 = 中等；2 = 中下；1 = 贫困	
B17 村庄的经济水平	5 = 很富裕；4 = 中上；3 = 中等；2 = 中下；1 = 贫困	
B18 调研员估算这家在村里大概经济水平	5 = 很富裕；4 = 中上；3 = 中等；2 = 中下；1 = 贫困	

三、资产情况

B19　耐用消费品	冰箱/冰柜	彩色电视机	洗衣机	太阳能	手机/电话	电脑宽带	摩托车	合计:
现值								
B20　生产性固定资产			运输汽车	拖拉机	机引农具	其他农具	温棚	合计:
现值								

第二部分　农户借贷行为

一、农户资金需求情况

问题	选项	答案
C1　是否需要借钱（是否资金紧张）	1 = 需要；0 = 不需要	
C2　借款用途是	1 = 生活需要（教育、看病、人情往来等消费性支出、建房）；2 = 生产投资（农业生产投资、投资做小生意）；3 = 两者都有	
C3　最可能的借款渠道	1 = 亲戚朋友借款（无利息）；2 = 亲戚朋友借款（有利息）；3 = 银行及信用社借款；4 = 互助资金借款；5 = 其他	
C4　在6%利率水平下的借贷的需求量	1 = 小于5000元；2 = 5000~10000元；3 = 10000~20000元；4 = 20000~50000元；5 = 50000元以上	
C5　在9%利率水平下的借贷的需求量	1 = 小于5000元；2 = 5000~10000元；3 = 10000~20000元；4 = 20000~50000元；5 = 50000元以上	

二、农户获得正规金融机构贷款情况

问题	选项	答案
D1　2012年以来，您是否向银行申请过贷款？	0 = 否（跳至D4）；1 = 是（继续D2）	
D2　申请后，您是否得到银行贷款？	0 = 否（跳至D7）；1 = 是（继续D3）	
D3　您是否得到您所需的所有数额？	0 = 否，得到部分（跳至D7）；1 = 是（跳至D7）	

问题	选项	答案
D4 如果您去申请贷款，您认为银行会给您贷款吗？	0 = 否（跳至 D6）；1 = 是（继续 D5）	
D5 如果您申请，银行就会给您贷款，那您为什么没有申请？（选择最重要的一个原因）	1 = 我不需要贷款；2 = 利息太高；3 = 手续太麻烦了，其他贷款成本太高，附加条件多；4 = 借了担心还不起；5 = 有其他贷款；6 = 贷款额度太小不能满足需要；7 = 不知道贷款手续；8 = 担心抵押的东西拿不回来；9 = 没有农村信用社要求的抵押品	
D6 您认为申请也得不到贷款，为什么？（选择最重要的一个原因）	1 = 有信用社的贷款还没有还；2 = 与信贷员不熟悉，没有关系人；3 = 信贷员认为我家穷，可能还不了款；4 = 没有担保人；5 = 自己认为没有抵押品；6 = 我家的确太穷，还不起贷款	
D7 截至 2014 年底，您家是否有未偿还的贷款？	0 = 否；1 = 是	
D8 是否申请到扶贫贴息贷款？	0 = 否；1 = 是	

D9 自 2012 年 1 月 1 日以来正规金融机构和非正规贷款情况（注：不包括互助资金贷款）

贷款编号	1 贷款时间（年、月）按照贷款时间从最近一笔贷款往下排序	2 贷款来源（1）农信社（2）其他正规银行（3）亲戚朋友	3 贷款类型（1）小额信用贷款（2）农户联保贷款（3）抵押贷款（4）扶贫贴息贷款（5）教育助学贷款（6）非正规贷款	4 借款时用何抵押、担保？（1）房屋及其他固定资产（2）亲戚朋友担保（3）联保小组（4）没有抵押担保	5 贷款利率（月息%）	6 期限	7 贷款金额（元）	8 在现在的利息水平下，是否还想借更多数额的贷款？（1）是（2）否	9 贷款用途（1）农业生产投资；（2）投资做小生意；（3）建房；（4）教育看病、人情往来等消费性支出
1									
2									
3									
4									

D10 是否有获得扶贫贴息贷款？_____如果是，哪一年？_____
共多少金额？_____利率多少？_____

D11 互助资金借款情况

1 借款时间	2 借款金额	3 占用费率	4 期限	5 用途	6 增收多少	7 是否参与"千村信贷"	8 在现在的利率下，是否还想借更多数额的贷款？

D12 贷款渠道的难易程度对比

题项	1 = 贷不到	2 = 不方便，需要找人找关系	3 = 不方便，手续繁多	4 = 能贷到，很方便
正规金融机构的商业贷款				
正规金融机构的扶贫贴息贷款				
村级互助资金				
亲戚朋友等民间借贷				

第三部分　村级互助资金参与使用情况

问题	选项	答案
E1 您哪一年加入的扶贫资金互助社（请填具体年月）	年　　月	
E2 是否理、监事会成员？	1 = 是；0 = 否	
E3 入股金额	元	
E4 你加入互助资金贷款容易吗？	1 = 容易；0 = 不容易	
E5 入社的贫困户多吗？	1 = 大部分都是；0 = 都不是	
E6 您加入资金互助社的原因是什么？（可多选） 1 = 急需资金，且无法从其他渠道获得急需资金；2 = 能从其他渠道获得资金，但利率比互助社高急需资金；3 = 能从其他渠道获得资金，但手续比互助社复杂；4 = 先获得资格；5 = 响应当地政府号召（干部动员）；6 = 跟随他人参加可以相互帮助		

续表

问题	选项	答案
E7 请问您对资金互助社运作流程的了解程度？如入社条件、退出机制、借贷程序、风险控制和收益分配	1 = 不了解；2 = 了解一点；3 = 了解；4 = 比较了解；5 = 很了解	
E8 自您入社以来，该社是否定期召开社员大会	1 = 是；0 = 否	
E9 每年平均几次	次数	
E10 您参加过几次	次数	
E11 您周围的邻居加入资金互助社了吗？	1 = 是；0 = 否	
E12 邻居为什么不加入？	1 = 达不到入股条件；2 = 认为没有必要加入；3 = 持观望态度	
E13 从提出申请到获得贷款，需要多少时间？	1 = 一个星期；2 = 半个月；3 = 一个月；4 = 一个月以上	
E14 您认为资金互助社贷款利率高吗？	1 = 高；2 = 不高；3 = 没贷过，不知道	
E15 联保小组是否固定	1 = 固定；0 = 不固定	
E16 是否容易结成联保小组？	1 = 是；0 = 否	
E17 您认为资金互助社优先考虑贫困户	1 = 是；0 = 否	
E18 您知道在资金互助社借钱需要什么条件吗？条件是什么？	1 = 知道；0 = 不知道	
E19 获得贷款的次数	次数	
E20 您是否关注互助资金贷款给什么社员？	1 = 是；0 = 否	
E21 如果发现有你熟悉的社员拖欠贷款故意不还，您会	1 = 坐视不理；2 = 自己或联合其他社员对他施加压力；3 = 向资金互助社理事长报告	
E22 不能按时还款有哪些惩罚措施？	1 = 没有惩罚措施；2 = 联保小组连带责任；3 = 未来贷款机会；4 = 国家其他补助	
E23 您想过退出村级资金互助社吗？	1 = 想（继续）；0 = 不想	
E24 为什么想退出？	1 = 得不到贷款；2 = 自有资金充裕；3 = 回报太少；4 = 有更好的融资途径	
E25 您觉得互助资金对您有帮助吗？	1 = 帮助很大；2 = 有点帮助；3 = 没有帮助	

第四部分 村级互助资金借贷的影响

一、借贷对收入水平和收入结构的影响

序号	题项	2012 年	2013 年	2014 年
1	种植业收入			
2	养殖业收入			
3	外出打工工资收入			
4	做生意（个体工商）收入（私营收入）			
5	政府各项补贴收入			
6	其他收入			
	合计			

二、借贷对家庭支出和生活质量的影响

（一）生产性支出（元/年）

序号	题项	2012 年	2013 年	2014 年
1	种植业支出			
2	养殖业支出			
3	个体经营（做生意）投资支出			
4	其他生产投资支出（如培训等教育投资支出）			
	合计			

（二）家庭生活支出（元/年）

序号	题项	2012 年	2013 年	2014 年
1	购买生活必需品			
2	食品支出			
3	教育支出（子女上学）			
4	文化娱乐支出（包括书报杂志、光盘、有线电视、网吧等）			
5	购买家用电器等生活耐用消费品的支出			
6	医疗支出（看病支出，扣除合作医疗报销部分的净支出）			
7	人情往来开支（婚、丧、生日、升学等）——人际关系			
9	住房修建和装饰费			
10	保费支出（包括新型农村合作养老和医疗保险）			
	合计			

三、借贷对教育、健康和环境卫生的影响

序号	题项	2012 年	2013 年	2014 年
1	教育支出是否增加？增加 =1；没增加 =2			
2	医疗支出是否增加？增加 =1；没增加 =2			
3	环境卫生投资支出？增加 =1；没增加 =2			

四、借贷对社区生活和村级治理的影响

序号	题项	2012 年	2013 年	2014 年
1	人情支出是否增加？增加 =1；没增加 =2			
2	是否更加信任村干部　信任 =1；一般 =2；不信任 =3			
3	是否更加信任邻居　信任 =1；一般 =2；不信任 =3			
4	是否更加信任社员　信任 =1；一般 =2；不信任 =3			
5	有困难时得到帮助的难易度			
6	参与村委会的公益事务（村庄道路、卫生维护等）的次数			
7	参与村里的集体活动（如文化娱乐）的次数			

第五部分　非社员对村级互助资金的认识

问题	选项	答案
您有没有听说过互助资金	1 = 知道；2 = 不知道	
在你们村，加入互助社需要什么条件？你知不知道？	1 = 知道；2 = 不知道	
如果您申请加入互助社，能不能批准？	1 = 能；2 = 不能	
若想加入，为什么没有加入	1 = 互助资金没有吸收新成员；2 = 达不到入社条件；3 = 穷，没钱入股	
您是否有其他借款渠道？	1 = 是；2 = 没有	
您如果加入资金互助社，会不会增收	1 = 会；2 = 不会	
若不想，是什么原因？	1 = 不太了解，不信任；2 = 达不到入社条件；3 = 没借款需求，没必要加入；4 = 有其他贷款来源，不需要互助资金贷款	

附录2 宁夏村庄调查问卷

____县____乡____村____项目启动时间____年____月 访谈对象____

第一部分 所在行政村基本情况

1. 是否是互助资金项目村_____ （1）是；（2）否

2. 是否是整村推进重点村_____ （1）是；（2）否

3. 村庄距离最近县城的距离_____里

4. 村庄距离最近乡镇的距离_____里

5. 村庄距离最近车站的距离_____里

6. 村庄距离最近金融机构的距离_____里

7. 村里的供水方式_____

（1）定时短时间供水；（2）经常停水；（3）偶尔停水；（4）极少或从未停水

8. 村里人平时会在卫生所看病吗？_____ （1）会；（2）不会：为什么_____

9. 离村庄最近的学校有多远？_____ （1）本村里；（2）距离_____

10. 在该学校可以上到几年级？_____

（1）三年级；（2）四年级；（3）五年级；（4）六年级

11. 村主任年龄_____岁，担任村主任的时间_____年

12. 村书记年龄_____岁，担任村主任的时间_____年

13. 常住农户数：_____户；常住人口：_____人

14. 在村里的常住劳动力人数_____人，其中30～45岁的人数_____人，占常住人口的比例_____

15. 长年在外人口数：_____人（指全年至少半年以上不在本村居住的人口）

16. 长年打工劳动力人数：_____人

17. 本村农民人均纯收入：2013 年是_____元；2014 年是_____元（村里是否有每户农户的人均纯收入？如果有，能不能提供一份。）

18. 耕地面积：_____亩；人均耕地面积：_____亩；水浇地_____亩；旱地_____亩

19. 主要种植作物 1：_____；2：_____

20. 主要养殖产品 1：_____；2：_____

本村最具特色产业是_____，规模多大_____

21. 当地农忙时雇工工资：_____元/天

22. 当地土地转承包每亩平均租金_____元/年

23. 目前建档立卡的贫困农户数：_____户，这些贫困户有多少户入社_____户

24. 如果是贫困户，每户每年能获得的财政扶贫资金_____元；财政补贴_____元

25. 如果不是贫困户，每年财政补贴_____元

第二部分　村庄财政和信贷支持情况

1. 财政扶贫资金年支出_____元/村；其他补贴资金_____元/村

2. 是否信用村_____ （1）是；（2）否

3. 农信社扶贫到户小额贴息贷款需要什么条件：_____

4. 本村获得过扶贫到户小额贴息贷款的农户数_____户

5. 本村获得过扶贫到户小额贴息贷款的笔数_____笔

6. 本村获得过扶贫到户小额贴息贷款的金额_____元

7. 本村获得过扶贫到户小额贴息贷款的贫困户_____户

8. 扶贫到户小额贴息贷款的资金用途是：_____

9. 本村是否有农信社贷款备选农户名册_____ （1）是；（2）否

10. 本村过去参加扶贫项目数_____，成功的项目个数_____

11. 村民参与的态度？_____ （1）积极；（2）一般；（3）不积极；原因：_____

12. 贫困户是否申请贷款_____ （1）是；（2）否

13. 贫困户贷款主要用途_____

14. 贫困户贷款金额大多数需要_____元

15. 您对不同信贷扶贫方式的满意程度

	很满意	满意	一般	不满意	很不满意
扶贫贴息贷款					
互助资金					

16. 本村是否有民间有息借贷_____ （1）是；（2）否；民间借贷的年利率_____%

第三部分 村级互助资金基本情况

1. 本村成为互助资金试点村的最重要的条件是_____

互助资金能否满足农户的需求？_____ （1）是；（2）否

互助资金是否与生产合作社结合_____ （1）是；（2）否

2. 成员加入互助资金（取得借款资格）的条件：_____

入社股金最少_____元；最高_____元

必须有创收能力：_____ （1）是；（2）否

其他条件：_____

3. 正式注册后到现在，互助资金理事会成员是否受到正视培训的次数：_____

4. 借款金额上限_____元

5. 借款最长期限_____月

6. 借款占用费率：_____月息%；年利率_____%

7. 为什么还款方式是整借整还？_____

8. 从提出贷款申请到拿到贷款需要多少时间_____天

9. 贫困户是否愿意入社_____ （1）是；（2）否

10. 是否申请贷款都能获得_____ （1）是；（2）否；贷款申请的拒绝率_____

11. 截至2014年底的互助资金资金来源

单位：万元

项目启动时间	国家扶贫资金	成员缴纳资金	占用费（利息）积累	其他	总额
2012 年					
2013 年					
2014 年					

12. 理事会监事会成员情况

项目	性别	年龄	受教育年限	任职时间（年）	在村里担任职务及年限	花在互助资金时间（天）
理事长						
会计						
出纳						
监事长						
其他成员						

13. 贷款财务情况

项目	2010 年	2011 年	2012 年	2013 年	2014 年
贷款户数（户）					
农户最高单笔贷款金额（元）					
农户最低单笔贷款金额（元）					
年贷款总金额（元）					
占用费率（%）					
占用费收入（元）					
管理人员报酬（元）					
办公及差旅费（元）					

第四部分　贷款后社员的可持续发展能力变化

1. 人力资本：教育和医疗费用支出是否增加_____（1）是；（2）否
2. 金融教育：诚信意识、还款意识、风险意识是否更强_____（1）是；（2）否
3. 投资观念：发展意识是否更强_____（1）是；（2）否
4. 消费观念：是否转变_____（1）是；（2）否
5. 村民关系：村民矛盾事件_____（1）增加；（2）减少
6. 贫困农户是否减少（每年减少多少户？）_____
贫困户数近几年没有减少反而增加的原因_____
7. 贫困户对技术和市场掌握能力_____
8. 贫困户对今后发展的自信心_____

附录 3 部分数据表[*]

表 1 2015 年宁夏农村居民按纯收入分组的调查户数及人均纯收入

分组等份	调查户数（户）	人均纯收入（名义）（元）	调整后人均纯收入（元）	2010 年为基期价格指数	人口权重（％）	人均纯收入（实际）（元）
总计	1011	9118.7	9118.7	116.3	100	7840.67
2000 元以下	55	−2660	1600	116.3	5.47	1375.75
2000~3000 元	21	2534.1	2534.1	116.3	2.08	2178.93
3000~4000 元	58	3496.3	3496.3	116.3	5.72	3006.28
4000~5000 元	71	4562.4	4562.4	116.3	6.97	3922.96
5000~6000 元	84	5476.7	5476.7	116.3	8.31	4709.11
6000~7000 元	73	6461	6461	116.3	7.21	5555.46
7000~8000 元	77	7487	7487	116.3	7.60	6437.66
8000~9000 元	59	8413.7	8413.7	116.3	5.82	7234.48
9000~10000 元	61	9476	9476	116.3	6.08	8147.89
10000 元以上	452	16328.2	16328.2	116.3	44.75	14039.72

表 2 2014 年宁夏农村居民按纯收入分组的调查户数及人均纯收入

分组等份	调查户数（户）	人均纯收入（名义）（元）	调整后人均纯收入（元）	2010 年为基期价格指数	人口权重（％）	人均纯收入（实际）（元）
总计	998	8410	8410	115.1	100	7306.69
2000 元以下	55	−2050.6	1600	115.1	5.50	1390.10
2000~3000 元	39	2632	2632	115.1	3.91	2286.71

---

* 通过整理 1995~2004 年《宁夏农村社会经济调查年鉴》、2006~2013 年《宁夏调查数据》和 2005 年及 2014~2016 年《宁夏调查年鉴》中"农村住户调查分组资料"获得相关数据。收入分组以农村居民人均纯收入为依据，收入组的划定在不同的年份间有所不同。宁夏农村 1995 年采用 12 分组，1996~2009 年采用 20 分组；2010~2012 年为 16 分组，2013 年为 15 分组，2014 年为 10 分组。

续表

分组等份	调查户数（户）	人均纯收入（名义）（元）	调整后人均纯收入（元）	2010 年为基期价格指数	人口权重（%）	人均纯收入（实际）（元）
3000～4000 元	65	3504.7	3504.7	115.1	6.57	3044.92
4000～5000 元	74	4553.1	4553.1	115.1	7.42	3955.78
5000～6000 元	78	5556.6	5556.6	115.1	7.82	4827.63
6000～7000 元	84	6514.2	6514.2	115.1	8.43	5659.60
7000～8000 元	81	7454.7	7454.7	115.1	8.10	6476.72
8000～9000 元	72	8477.3	8477.3	115.1	7.19	7365.16
9000～10000 元	55	9468.7	9468.7	115.1	5.52	8226.50
10000 元以上	395	17199.4	17199.4	115.1	39.62	14943.01

表3 2013 年宁夏农村居民按纯收入分组的调查户数及人均纯收入

分组等份	调查户数（户）	人均纯收入（名义）（元）	调整后人均纯收入（元）	2010 年为基期价格指数	人口权重（%）	人均纯收入（实际）（元）
总计	891	6931	6931	113.2	100	6122.79
1000 元以下	21	-1410.1	800	113.2	2.36	706.71
1000～2000 元	27	1518.9	1518.9	113.2	3.03	1341.78
2000～3000 元	60	2486.8	2486.8	113.2	6.73	2196.82
3000～4000 元	77	3523.4	3523.4	113.2	8.64	3112.54
4000～5000 元	86	4443.2	4443.2	113.2	9.65	3925.09
5000～6000 元	99	5495.2	5495.2	113.2	11.11	4854.42
6000～7000 元	84	6428.8	6428.8	113.2	9.43	5679.15
7000～8000 元	92	7407.9	7407.9	113.2	10.33	6544.08
8000～9000 元	58	8443.5	8443.5	113.2	6.51	7458.92
9000～10000 元	56	9363.3	9363.3	113.2	6.29	8271.47
10000～11000 元	44	10502.5	10502.5	113.2	4.94	9277.83
11000～12000 元	36	11506.3	11506.3	113.2	4.04	10164.58
12000～13000 元	30	12562.7	12562.7	113.2	3.37	11097.79
13000～14000 元	18	13423	13423	113.2	2.02	11857.77
14000 元以上	103	19714.5	19714.5	113.2	11.56	17415.64

表4　　　2012 年宁夏农村居民按纯收入分组的调查户数及人均纯收入

分组等份	调查户数（户）	人均纯收入（名义）（元）	调整后人均纯收入（元）	2010 年为基期价格指数	人口权重（％）	人均纯收入（实际）（元）
总计	800	6180.3	6180.3	109.1	100	5664.80
1000 元以下	31	-3279	800	109.1	3.88	733.27
1000～1500 元	17	1317.4	1317.4	109.1	2.13	1207.52
1500～2000 元	20	1770.1	1770.1	109.1	2.50	1622.46
2000～2500 元	24	2248.2	2248.2	109.1	3.00	2060.68
2500～3000 元	40	2770.2	2770.2	109.1	5.00	2539.14
3000～3500 元	44	3239.8	3239.8	109.1	5.50	2969.57
3500～4000 元	37	3742.7	3742.7	109.1	4.63	3430.52
4000～4500 元	55	4255.9	4255.9	109.1	6.88	3900.92
4500～5000 元	51	4741.5	4741.5	109.1	6.38	4346.01
5000～5500 元	54	5257.2	5257.2	109.1	6.75	4818.70
5500～6000 元	49	5725	5725	109.1	6.13	5247.48
6000～7000 元	96	6448.4	6448.4	109.1	12.00	5910.54
7000～8000 元	62	7519.8	7519.8	109.1	7.75	6892.58
8000～9000 元	41	8455.3	8455.3	109.1	5.13	7750.05
9000～10000 元	33	9484.9	9484.9	109.1	4.13	8693.77
10000 元以上	146	15310.5	15310.5	109.1	18.25	14033.46

表5　　　2011 年宁夏农村居民按纯收入分组的调查户数及人均纯收入

分组等份	调查户数（户）	人均纯收入（名义）（元）	调整后人均纯收入（元）	2010 年为基期价格指数	人口权重（％）	人均纯收入（实际）（元）
总计	800	5409.9	5409.9	107.3	100	5041.85
1000 元以下	33	-3545.9	800	107.3	4.12	745.57
1000～1500 元	19	1278.1	1278.1	107.3	2.38	1191.15
1500～2000 元	32	1796.7	1796.7	107.3	4	1674.46
2000～2500 元	40	2227.9	2227.9	107.3	5	2076.33
2500～3000 元	44	2732.2	2732.2	107.3	5.5	2546.32
3000～3500 元	50	3196	3196	107.3	6.25	2978.56
3500～4000 元	57	3731	3731	107.3	7.12	3477.17
4000～4500 元	47	4251.3	4251.3	107.3	5.88	3962.07
4500～5000 元	56	4757.5	4757.5	107.3	7	4433.83

续表

分组等份	调查户数（户）	人均纯收入（名义）（元）	调整后人均纯收入（元）	2010年为基期价格指数	人口权重（%）	人均纯收入（实际）（元）
5000~5500元	43	5240.9	5240.9	107.3	5.38	4884.34
5500~6000元	43	5756.3	5756.3	107.3	5.38	5364.68
6000~7000元	79	6513	6513	107.3	9.88	6069.90
7000~8000元	60	7454.6	7454.6	107.3	7.5	6947.44
8000~9000元	47	8464.4	8464.4	107.3	5.88	7888.54
9000~10000元	37	9484.3	9484.3	107.3	4.62	8839.05
10000元以上	113	14100.5	14100.5	107.3	14.12	13141.19

表6　　2010年宁夏农村居民按纯收入分组的调查户数及人均纯收入

分组等份	调查户数（户）	人均纯收入（名义）（元）	2010年为基期价格指数	人口权重（%）	人均纯收入（实际）（元）
总计	600	4674.89	100	100	4674.89
1000元以下	22	28.02	100	3.67	28.02
1000~1500元	22	1281.24	100	3.67	1281.24
1500~2000元	33	1784.41	100	5.50	1784.41
2000~2500元	46	2267.57	100	7.67	2267.57
2500~3000元	38	2741.53	100	6.33	2741.53
3000~3500元	43	3288.74	100	7.17	3288.74
3500~4000元	61	3711.02	100	10.17	3711.02
4000~4500元	37	4254.31	100	6.17	4254.31
4500~5000元	52	4740.61	100	8.67	4740.61
5000~5500元	35	5259.66	100	5.83	5259.66
5500~6000元	27	5779.48	100	4.50	5779.48
6000~7000元	57	6425.75	100	9.50	6425.75
7000~8000元	33	7452.75	100	5.50	7452.75
8000~9000元	29	8484.51	100	4.83	8484.51
9000~10000元	21	9472.35	100	3.50	9472.35
10000元以上	44	13250.25	100	7.33	13250.25

表 7   2009 年宁夏农村居民按纯收入分组的调查户数及人均纯收入

分组等份	调查户数（户）	人均纯收入（名义）（元）	调整后人均纯收入（元）	2010 年为基期价格指数	人口权重（%）	人均纯收入（实际）（元）
总计	600	4048.33	4048.33	95.6	100	4234.65
100 元以下	14	−3826.05	80.00	95.6	2.33	83.68
100～200 元	1	101.42	101.42	95.6	0.17	106.09
200～300 元	2	245.05	245.05	95.6	0.33	256.33
300～400 元	2	355.37	355.37	95.6	0.33	371.73
400～500 元	1	495.46	495.46	95.6	0.17	518.26
500～600 元	3	551.54	551.54	95.6	0.50	576.92
600～800 元	3	721.29	721.29	95.6	0.50	754.48
800～1000 元	11	912.08	912.08	95.6	1.83	954.06
1000～1200 元	11	1139.88	1139.88	95.6	1.83	1192.34
1200～1300 元	4	1271.85	1271.85	95.6	0.67	1330.39
1300～1500 元	14	1406.12	1406.12	95.6	2.33	1470.84
1500～1700 元	15	1627.01	1627.01	95.6	2.50	1701.89
1700～2000 元	35	1837.02	1837.02	95.6	5.83	1921.57
2000～2500 元	38	2274.52	2274.52	95.6	6.33	2379.21
2500～3000 元	76	2753.01	2753.01	95.6	12.67	2879.72
3000～3500 元	48	3266.32	3266.32	95.6	8.00	3416.66
3500～4000 元	46	3756.84	3756.84	95.6	7.67	3929.75
4000～4500 元	43	4255.06	4255.06	95.6	7.17	4450.90
4500～5000 元	38	4739.78	4739.78	95.6	6.33	4957.93
5000 元以上	195	7766.19	7766.19	95.6	32.50	8123.63

表 8   2008 年宁夏农村居民按纯收入分组的调查户数及人均纯收入

分组等份	调查户数（户）	人均纯收入（名义）（元）	调整后人均纯收入（元）	2010 年为基期价格指数	人口权重（%）	人均纯收入（实际）（元）
总计	600	3681.40	3681.40	94.2	100	3908.07
100 元以下	13	−3275.40	80.00	94.2	2.17	84.93
100～200 元	2	129.50	129.50	94.2	0.33	137.47
200～300 元	1	295.50	295.50	94.2	0.17	313.69
300～400 元	2	348.80	348.80	94.2	0.33	370.28
400～500 元	2	495.60	495.60	94.2	0.33	526.11

续表

分组等份	调查户数（户）	人均纯收入（名义）（元）	调整后人均纯收入（元）	2010年为基期价格指数	人口权重（%）	人均纯收入（实际）（元）
500~600元	0	0.00	0.00	94.2	0.00	0.00
600~800元	7	694.80	694.80	94.2	1.17	737.58
800~1000元	10	904.70	904.70	94.2	1.67	960.40
1000~1200元	12	1079.30	1079.30	94.2	2.00	1145.75
1200~1300元	7	1260.20	1260.20	94.2	1.17	1337.79
1300~1500元	25	1410.40	1410.40	94.2	4.17	1497.24
1500~1700元	20	1622.30	1622.30	94.2	3.33	1722.19
1700~2000元	37	1839.20	1839.20	94.2	6.17	1952.44
2000~2500元	50	2269.00	2269.00	94.2	8.33	2408.70
2500~3000元	74	2746.30	2746.30	94.2	12.33	2915.39
3000~3500元	52	3242.80	3242.80	94.2	8.67	3442.46
3500~4000元	46	3757.70	3757.70	94.2	7.67	3989.07
4000~4500元	45	4241.60	4241.60	94.2	7.50	4502.76
4500~5000元	26	4766.40	4766.40	94.2	4.33	5059.87
5000元以上	169	7601.60	7601.60	94.2	28.17	8069.64

表9　　　2007年宁夏农村居民按纯收入分组的调查户数及人均纯收入

分组等份	调查户数（户）	人均纯收入（名义）（元）	调整后人均纯收入（元）	2010年为基期价格指数	人口权重（%）	人均纯收入（实际）（元）
总计	600	3180.8	3180.8	85.7	100	3711.55
100元以下	6	-1539.4	80	85.7	1.00	93.35
100~200元	1	132	132	85.7	0.17	154.03
200~300元	0	0	0	85.7	0.00	0.00
300~400元	2	370.2	370.2	85.7	0.33	431.97
400~500元	5	429.4	429.4	85.7	0.83	501.05
500~600元	4	590.9	590.9	85.7	0.67	689.50
600~800元	7	736	736	85.7	1.17	858.81
800~1000元	16	888.2	888.2	85.7	2.67	1036.41
1000~1200元	20	1113.8	1113.8	85.7	3.33	1299.65
1200~1300元	9	1238.8	1238.8	85.7	1.50	1445.51
1300~1500元	25	1413.2	1413.2	85.7	4.17	1649.01

分组等份	调查户数（户）	人均纯收入（名义）（元）	调整后人均纯收入（元）	2010年为基期价格指数	人口权重（%）	人均纯收入（实际）（元）
1500~1700元	41	1593.5	1593.5	85.7	6.83	1859.39
1700~2000元	44	1851.3	1851.3	85.7	7.33	2160.21
2000~2500元	79	2233.7	2233.7	85.7	13.17	2606.42
2500~3000元	72	2757.5	2757.5	85.7	12.00	3217.62
3000~3500元	56	3282.7	3282.7	85.7	9.33	3830.46
3500~4000元	38	3734	3734	85.7	6.33	4357.06
4000~4500元	36	4269.3	4269.3	85.7	6.00	4981.68
4500~5000元	20	4700	4700	85.7	3.33	5484.25
5000元以上	119	7571.1	7571.1	85.7	19.83	8834.42

表 10　2006 年宁夏农村居民按纯收入分组的调查户数及人均纯收入

分组等份	调查户数（户）	人均纯收入（名义）（元）	调整后人均纯收入（元）	2010年为基期价格指数	人口权重（%）	人均纯收入（实际）（元）
总计	600	2760.14	2760.14	80.9	100	3411.79
100元以下	5	−2183.57	80	80.9	0.83	98.89
100~200元	1	106.89	106.89	80.9	0.17	132.13
200~300元	3	237.19	237.19	80.9	0.50	293.19
300~400元	3	333.17	333.17	80.9	0.50	411.83
400~500元	0	0	0	80.9	0	0
500~600元	6	540.74	540.74	80.9	1.00	668.41
600~800元	10	700.21	700.21	80.9	1.67	865.53
800~1000元	18	908.4	908.4	80.9	3.00	1122.87
1000~1200元	32	1092.68	1092.68	80.9	5.33	1350.66
1200~1300元	15	1255.3	1255.3	80.9	2.50	1551.67
1300~1500元	28	1407.42	1407.42	80.9	4.67	1739.70
1500~1700元	32	1598.12	1598.12	80.9	5.33	1975.43
1700~2000元	56	1821.74	1821.74	80.9	9.33	2251.84
2000~2500元	87	2249.17	2249.17	80.9	14.50	2780.19
2500~3000元	75	2769.93	2769.93	80.9	12.50	3423.89
3000~3500元	59	3190.05	3190.05	80.9	9.83	3943.20
3500~4000元	47	3714.44	3714.44	80.9	7.83	4591.40

续表

分组等份	调查户数（户）	人均纯收入（名义）（元）	调整后人均纯收入（元）	2010 年为基期价格指数	人口权重（%）	人均纯收入（实际）（元）
4000～4500 元	26	4280.79	4280.79	80.9	4.33	5291.46
4500～5000 元	17	4699.25	4699.25	80.9	2.83	5808.71
5000 元以上	80	7063.54	7063.54	80.9	13.33	8731.20

表 11　　2005 年宁夏农村居民按纯收入分组的调查户数及人均纯收入

分组等份	调查户数（户）	人均纯收入（名义）（元）	调整后人均纯收入（元）	2010 年为基期价格指数	人口权重（%）	人均纯收入（实际）（元）
总计	600	2508.89	2508.89	79.1	100	3171.80
100 元以下	6	-403.58	80	79.1	1.00	101.14
100～200 元	1	145.43	145.43	79.1	0.17	183.86
200～300 元	0	0	0	79.1	0	0
300～400 元	3	335.12	335.12	79.1	0.50	423.67
400～500 元	4	430.93	430.93	79.1	0.67	544.79
500～600 元	12	559.83	559.83	79.1	2.00	707.75
600～800 元	26	697.6	697.6	79.1	4.33	881.92
800～1000 元	33	903.44	903.44	79.1	5.50	1142.15
1000～1200 元	43	1108.29	1108.29	79.1	7.17	1401.13
1200～1300 元	26	1252.43	1252.43	79.1	4.33	1583.35
1300～1500 元	31	1376.55	1376.55	79.1	5.17	1740.27
1500～1700 元	26	1601.71	1601.71	79.1	4.33	2024.92
1700～2000 元	57	1839.64	1839.64	79.1	9.50	2325.71
2000～2500 元	69	2292.61	2292.61	79.1	11.50	2898.37
2500～3000 元	65	2717.98	2717.98	79.1	10.83	3436.13
3000～3500 元	55	3202.46	3202.46	79.1	9.17	4048.62
3500～4000 元	25	3760.48	3760.48	79.1	4.17	4754.08
4000～4500 元	26	4217.45	4217.45	79.1	4.33	5331.80
4500～5000 元	24	4722.27	4722.27	79.1	4.00	5970.00
5000 元以上	68	7101.57	7101.57	79.1	11.33	8977.96

表 12　2004 年宁夏农村居民按纯收入分组的调查户数及人均纯收入

分组等份	调查户数（户）	人均纯收入（名义）（元）	调整后人均纯收入（元）	2010 年为基期价格指数	人口权重（%）	人均纯收入（实际）（元）
总计	600	2320.05	2320.05	78.2	100	2966.82
100 元以下	8	−530.04	80	78.2	1.33	102.30
100~200 元	3	124.05	124.05	78.2	0.50	158.63
200~300 元	4	261.22	261.22	78.2	0.67	334.04
300~400 元	3	368.4	368.4	78.2	0.50	471.10
400~500 元	4	451.33	451.33	78.2	0.67	577.15
500~600 元	7	545.11	545.11	78.2	1.17	697.07
600~800 元	25	705.8	705.8	78.2	4.17	902.56
800~1000 元	32	904.75	904.75	78.2	5.33	1156.97
1000~1200 元	46	1103.7	1103.7	78.2	7.67	1411.38
1200~1300 元	23	1248.73	1248.73	78.2	3.83	1596.84
1300~1500 元	41	1393.75	1393.75	78.2	6.83	1782.29
1500~1700 元	36	1606.24	1606.24	78.2	6.00	2054.02
1700~2000 元	60	1834.79	1834.79	78.2	10.00	2346.28
2000~2500 元	73	2215.91	2215.91	78.2	12.17	2833.64
2500~3000 元	60	2732.8	2732.8	78.2	10.00	3494.63
3000~3500 元	42	3238.64	3238.64	78.2	7.00	4141.48
3500~4000 元	30	3775.7	3775.7	78.2	5.00	4828.26
4000~4500 元	28	4301.97	4301.97	78.2	4.67	5501.24
4500~5000 元	26	4745.53	4745.53	78.2	4.33	6068.45
5000 元以上	49	7011.98	7011.98	78.2	8.17	8966.73

表 13　2003 年宁夏农村居民按纯收入分组的调查户数及人均纯收入

分组等份	调查户数（户）	人均纯收入（名义）（元）	调整后人均纯收入（元）	2010 年为基期价格指数	人口权重（%）	人均纯收入（实际）（元）
总计	600	2043.3	2043.3	74.8	100	2731.68
100 元以下	7	−526.6	80	74.8	1.17	106.94
100~200 元	2	139.63	139.63	74.8	0.33	186.67
200~300 元	4	258.16	258.16	74.8	0.67	345.13
300~400 元	6	371.2	371.2	74.8	1.00	496.26
400~500 元	10	455.14	455.14	74.8	1.67	608.48

续表

分组等份	调查户数（户）	人均纯收入（名义）（元）	调整后人均纯收入（元）	2010 年为基期价格指数	人口权重（%）	人均纯收入（实际）（元）
500～600 元	15	542.62	542.62	74.8	2.50	725.43
600～800 元	42	717.13	717.13	74.8	7.00	958.73
800～1000 元	38	914.68	914.68	74.8	6.33	1222.83
1000～1200 元	51	1098.19	1098.19	74.8	8.50	1468.17
1200～1300 元	16	1250.48	1250.48	74.8	2.67	1671.76
1300～1500 元	47	1389.98	1389.98	74.8	7.83	1858.26
1500～1700 元	40	1607.11	1607.11	74.8	6.67	2148.54
1700～2000 元	52	1846.43	1846.43	74.8	8.67	2468.49
2000～2500 元	76	2269.87	2269.87	74.8	12.67	3034.59
2500～3000 元	53	2755.17	2755.17	74.8	8.83	3683.38
3000～3500 元	43	3256.92	3256.92	74.8	7.17	4354.17
3500～4000 元	26	3728.59	3728.59	74.8	4.33	4984.75
4000～4500 元	18	4254.57	4254.57	74.8	3.00	5687.93
4500～5000 元	13	4724.97	4724.97	74.8	2.17	6316.80
5000 元以上	41	6485.94	6485.94	74.8	6.83	8671.04

表14   2002 年宁夏农村居民按纯收入分组的调查户数及人均纯收入

分组等份	调查户数（户）	人均纯收入（名义）（元）	调整后人均纯收入（元）	2010 年为基期价格指数	人口权重（%）	人均纯收入（实际）（元）
总计	600	1917.36	1919.71	73.3	100	2615.77
100 元以下	5	−49.13	80.00	73.3	0.83	109.12
100～200 元	0	0	0	73.3	0	0
200～300 元	3	249.94	250.23	73.3	0.50	340.98
300～400 元	5	347.64	348.06	73.3	0.83	474.27
400～500 元	11	457.2	457.77	73.3	1.83	623.74
500～600 元	21	543.87	544.53	73.3	3.50	741.98
600～800 元	40	702.79	703.65	73.3	6.67	958.79
800～1000 元	57	896.18	897.27	73.3	9.50	1222.62
1000～1200 元	46	1093.8	1095.15	73.3	7.67	1492.22
1200～1300 元	26	1242.34	1243.86	73.3	4.33	1694.87
1300～1500 元	49	1388.12	1389.81	73.3	8.17	1893.75

分组等份	调查户数（户）	人均纯收入（名义）（元）	调整后人均纯收入（元）	2010年为基期价格指数	人口权重（%）	人均纯收入（实际）（元）
1500～1700元	42	1590.11	1592.05	73.3	7.00	2169.32
1700～2000元	61	1854.2	1856.46	73.3	10.17	2529.60
2000～2500元	56	2195.7	2198.39	73.3	9.33	2995.50
2500～3000元	53	2734.62	2737.98	73.3	8.83	3730.72
3000～3500元	41	3257.54	3261.53	73.3	6.83	4444.12
3500～4000元	25	3745.89	3750.47	73.3	4.17	5110.35
4000～4500元	12	4270.1	4275.32	73.3	2.00	5825.51
4500～5000元	15	4752.25	4758.07	73.3	2.50	6483.29
5000元以上	32	6325.25	6333.00	73.3	5.33	8629.26

表15　　2001年宁夏农村居民按纯收入分组的调查户数及人均纯收入

分组等份	调查户数（户）	人均纯收入（名义）（元）	2010年为基期价格指数	人口权重（%）	人均纯收入（实际）（元）
总计	600	1823.13	73.7	100	2473.72
100元以下	0	0	73.7	0	0
100～200元	4	150.67	73.7	0.67	204.44
200～300元	6	255.23	73.7	1.00	346.31
300～400元	14	363.26	73.7	2.33	492.89
400～500元	22	456.3	73.7	3.67	619.13
500～600元	25	550.67	73.7	4.17	747.18
600～800元	42	703.31	73.7	7.00	954.29
800～1000元	60	880.88	73.7	10.00	1195.22
1000～1200元	57	1093.27	73.7	9.50	1483.41
1200～1300元	23	1262.39	73.7	3.83	1712.88
1300～1500元	38	1391.87	73.7	6.33	1888.56
1500～1700元	36	1618.55	73.7	6.00	2196.13
1700～2000元	36	1826.48	73.7	6.00	2478.26
2000～2500元	62	2219.59	73.7	10.33	3011.66
2500～3000元	48	2751.89	73.7	8.00	3733.91
3000～3500元	47	3225.06	73.7	7.833	4375.93
3500～4000元	25	3710.2	73.7	4.17	5034.19

续表

分组等份	调查户数（户）	人均纯收入（名义）（元）	2010年为基期价格指数	人口权重（%）	人均纯收入（实际）（元）
4000~4500元	18	4231.18	73.7	3.00	5741.09
4500~5000元	10	4756.58	73.7	1.67	6453.98
5000元以上	27	7131.92	73.7	4.50	9676.96

表16　　2000年宁夏农村居民按纯收入分组的调查户数及人均纯收入

分组等份	调查户数（户）	人均纯收入（名义）（元）	调整后人均纯收入（元）	2010年为基期价格指数	人口权重（%）	人均纯收入（实际）（元）
总计	600	1724.3	1724.3	72.1	100	2391.54
100元以下	9	-134.81	80	72.1	1.50	110.96
100~200元	8	169.02	169.02	72.1	1.33	234.42
200~300元	9	251.78	251.78	72.1	1.50	349.21
300~400元	13	348.49	348.49	72.1	2.17	483.34
400~500元	16	463.27	463.27	72.1	2.67	642.54
500~600元	23	555.38	555.38	72.1	3.83	770.29
600~800元	54	701.54	701.54	72.1	9.00	973.01
800~1000元	53	879.67	879.67	72.1	8.83	1220.07
1000~1200元	40	1087.92	1087.92	72.1	6.67	1508.90
1200~1300元	19	1245.85	1245.85	72.1	3.17	1727.95
1300~1500元	63	1397.56	1397.56	72.1	10.50	1938.36
1500~1700元	31	1616.01	1616.01	72.1	5.17	2241.35
1700~2000元	51	1862.33	1862.33	72.1	8.50	2582.98
2000~2500元	58	2246.34	2246.34	72.1	9.67	3115.59
2500~3000元	58	2773.12	2773.12	72.1	9.67	3846.21
3000~3500元	31	3251.28	3251.28	72.1	5.17	4509.40
3500~4000元	22	3718.98	3718.98	72.1	3.67	5158.09
4000~4500元	11	4221.62	4221.62	72.1	1.83	5855.23
4500~5000元	2	4735.56	4735.56	72.1	0.33	6568.04
5000元以上	29	6322.27	6322.27	72.1	4.83	8768.75

表 17   1999 年宁夏农村居民按纯收入分组的调查户数及人均纯收入

分组等份	调查户数（户）	人均纯收入（名义）（元）	调整后人均纯收入（元）	2010 年为基期价格指数	人口权重（%）	人均纯收入（实际）（元）
总计	1050	1790.7	1790.7	72.5	100	2469.93
100 元以下	4	−204.06	80	72.5	0.38	110.34
100~200 元	3	162	162	72.5	0.29	223.45
200~300 元	5	245.92	245.92	72.5	0.48	339.20
300~400 元	12	347.99	347.99	72.5	1.14	479.99
400~500 元	33	453.83	453.83	72.5	3.14	625.97
500~600 元	36	554.94	554.94	72.5	3.43	765.43
600~800 元	96	709.58	709.58	72.5	9.14	978.73
800~1000 元	89	891.48	891.48	72.5	8.48	1229.63
1000~1200 元	98	1111.55	1111.55	72.5	9.33	1533.17
1200~1300 元	39	1253.63	1253.63	72.5	3.71	1729.14
1300~1500 元	81	1392.6	1392.6	72.5	7.71	1920.83
1500~1700 元	76	1597.1	1597.1	72.5	7.24	2202.90
1700~2000 元	87	1834.69	1834.69	72.5	8.29	2530.61
2000~2500 元	112	2245.86	2245.86	72.5	10.67	3097.74
2500~3000 元	91	2716.77	2716.77	72.5	8.67	3747.27
3000~3500 元	58	3232.8	3232.8	72.5	5.52	4459.03
3500~4000 元	46	3767.79	3767.79	72.5	4.38	5196.95
4000~4500 元	30	4195.29	4195.29	72.5	2.86	5786.61
4500~5000 元	21	4688.11	4688.11	72.5	2.00	6466.36
5000 元以上	33	6487.59	6487.59	72.5	3.14	8948.40

表 18   1998 年宁夏农村居民按纯收入分组的调查户数及人均纯收入

分组等份	调查户数（户）	人均纯收入（名义）（元）	2010 年为基期价格指数	人口权重（%）	人均纯收入（实际）（元）
总计	1050	1756.00	73.9	100	2376.18
100 元以下	3	93.53	73.9	0.29	126.56
100~200 元	1	192.20	73.9	0.10	260.08
200~300 元	8	262.20	73.9	0.76	354.81
300~400 元	8	342.24	73.9	0.76	463.11
400~500 元	30	446.16	73.9	2.86	603.73

续表

分组等份	调查户数（户）	人均纯收入（名义）（元）	2010 年为基期价格指数	人口权重（%）	人均纯收入（实际）（元）
500 ~ 600 元	44	547.34	73.9	4.19	740.65
600 ~ 800 元	108	699.75	73.9	10.29	946.89
800 ~ 1000 元	98	898.12	73.9	9.33	1215.32
1000 ~ 1200 元	90	1089.69	73.9	8.57	1474.55
1200 ~ 1300 元	38	1249.33	73.9	3.62	1690.57
1300 ~ 1500 元	60	1402.40	73.9	5.71	1897.71
1500 ~ 1700 元	72	1616.15	73.9	6.86	2186.94
1700 ~ 2000 元	92	1842.79	73.9	8.76	2493.62
2000 ~ 2500 元	126	2226.53	73.9	12.00	3012.89
2500 ~ 3000 元	85	2713.39	73.9	8.10	3671.71
3000 ~ 3500 元	70	3206.66	73.9	6.67	4339.19
3500 ~ 4000 元	41	3756.93	73.9	3.90	5083.81
4000 ~ 4500 元	37	4228.39	73.9	3.52	5721.78
4500 ~ 5000 元	15	4748.55	73.9	1.43	6425.64
5000 元以上	24	6494.74	73.9	2.29	8788.55

表 19 　　1997 年宁夏农村居民按纯收入分组的调查户数及人均纯收入

分组等份	调查户数（户）	人均纯收入（名义）（元）	2010 年为基期价格指数	人口权重（%）	人均纯收入（实际）（元）
总计	1050	1545.08	74.1	100	2085.13
100 元以下	1	50.8	74.1	0.10	68.56
100 ~ 200 元	8	165.47	74.1	0.76	223.31
200 ~ 300 元	13	266.43	74.1	1.24	359.55
300 ~ 400 元	33	355.69	74.1	3.14	480.01
400 ~ 500 元	55	446.21	74.1	5.24	602.17
500 ~ 600 元	55	555.41	74.1	5.24	749.54
600 ~ 800 元	108	693.93	74.1	10.29	936.48
800 ~ 1000 元	98	898.36	74.1	9.33	1212.36
1000 ~ 1200 元	82	1092.34	74.1	7.81	1474.14
1200 ~ 1300 元	35	1247.97	74.1	3.33	1684.17
1300 ~ 1500 元	74	1395.83	74.1	7.05	1883.71

分组等份	调查户数（户）	人均纯收入（名义）（元）	2010 年为基期价格指数	人口权重（%）	人均纯收入（实际）（元）
1500 ~ 1700 元	60	1591.13	74.1	5.71	2147.27
1700 ~ 2000 元	96	1859.64	74.1	9.14	2509.64
2000 ~ 2500 元	113	2221.41	74.1	10.76	2997.85
2500 ~ 3000 元	91	2755.84	74.1	8.67	3719.08
3000 ~ 3500 元	49	3233.56	74.1	4.67	4363.78
3500 ~ 4000 元	26	3702.12	74.1	2.48	4996.11
4000 ~ 4500 元	17	4240.6	74.1	1.62	5722.81
4500 ~ 5000 元	11	4708.32	74.1	1.05	6354.01
5000 元以上	25	6114.18	74.1	2.38	8251.26

表 20　　　1996 年宁夏农村居民按纯收入分组的调查户数及人均纯收入

分组等份	调查户数（户）	人均纯收入（名义）（元）	2010 年为基期价格指数	人口权重（%）	人均纯收入（实际）（元）
总计	1050	1415.78	71.5	100	1980.11
100 元以下	4	75.06	71.5	0.38	104.98
100 ~ 200 元	6	162.12	71.5	0.57	226.74
200 ~ 300 元	14	253.99	71.5	1.33	355.23
300 ~ 400 元	28	358.05	71.5	2.67	500.77
400 ~ 500 元	46	450.52	71.5	4.38	630.10
500 ~ 600 元	40	554.64	71.5	3.81	775.72
600 ~ 800 元	107	699.53	71.5	10.19	978.36
800 ~ 1000 元	113	896.73	71.5	10.76	1254.17
1000 ~ 1200 元	89	1099.9	71.5	8.48	1538.32
1200 ~ 1300 元	47	1249.75	71.5	4.48	1747.90
1300 ~ 1500 元	96	1414.55	71.5	9.14	1978.39
1500 ~ 1700 元	72	1601.39	71.5	6.86	2239.71
1700 ~ 2000 元	116	1844.3	71.5	11.05	2579.44
2000 ~ 2500 元	147	2241.14	71.5	14.00	3134.46
2500 ~ 3000 元	63	2726.09	71.5	6.00	3812.71
3000 ~ 3500 元	27	3235.2	71.5	2.57	4524.76
3500 ~ 4000 元	21	3750.71	71.5	2.00	5245.75

分组等份	调查户数（户）	人均纯收入（名义）（元）	2010年为基期价格指数	人口权重（%）	人均纯收入（实际）（元）
4000~4500元	4	4159.85	71.5	0.38	5817.97
4500~5000元	4	4764.27	71.5	0.38	6663.31
5000元以上	6	5749.38	71.5	0.57	8041.09

表21　　　1995年宁夏农村居民按纯收入分组的调查户数及人均纯收入

分组等份	调查户数（户）	人均纯收入（名义）（元）	2010年为基期价格指数	人口权重（%）	人均纯收入（实际）（元）
总计	1050	1036.99	66.9	100	1550.06
100元以下	29	8.54	66.9	2.7619	12.77
100~150元	16	125.38	66.9	1.5238	187.41
150~200元	14	173.43	66.9	1.3333	259.24
200~300元	35	254.89	66.9	3.3333	381.00
300~400元	71	352.46	66.9	6.7619	526.85
400~500元	76	452.02	66.9	7.2381	675.67
500~600元	71	544.47	66.9	6.7619	813.86
600~800元	125	697.09	66.9	11.9048	1041.99
800~1000元	104	900.3	66.9	9.9048	1345.74
1000~1500元	226	1230.77	66.9	21.5238	1839.72
1500~2000元	160	1732.87	66.9	15.2381	2590.24
2000元以上	123	2547.66	66.9	11.7143	3808.16

参 考 文 献

［1］蔡昉、陈凡、张车伟：《政府开发式扶贫资金政策与投资效率》，载《中国青年政治学院学报》2001年第2期。

［2］曹洪民：《扶贫互助资金：农村扶贫的重要制度创新——四川省仪陇县搞好扶贫开发，"构建社会主义和谐社会"试点案例分析》，载《中国农村经济》2007年第9期。

［3］曹洪民、陆汉文：《扶贫互助社与基层社区发展——四川省仪陇县试点案例研究》，载《广西大学学报》（哲学社会科学版）2008年第6期。

［4］陈凡、杨越：《中国扶贫资金投入对缓解贫困的作用》，载《农业技术经济》2003年第6期。

［5］陈立辉、杨奇明、刘西川、李俊浩：《村级发展互助资金组织治理：问题类型、制度特点及其有效性——基于5省160个样本村调查的实证分析》，载《管理世界》2015年第11期。

［6］陈清华、董晓林、朱敏杰：《村级互助资金扶贫效果分析——基于宁夏地区的调查数据》，载《农业技术经济》2017年第2期。

［7］陈清华、董晓林：《金融扶贫对农户生产投资的影响效果评估——以宁夏村级互助资金为例》，载《福建农林大学学报》（哲学社会科学版）2016年第5期。

［8］陈清华、朱敏杰、董晓林：《村级发展互助资金对农户农业生产投资和收入的影响——基于宁夏13县37个贫困村655户农户的经验证据》，载《南京农业大学学报》（社会科学版）2017年第4期。

［9］陈守东、王淼：《我国银行体系的稳健性研究——基于面板VAR的实证分析》，载《数量经济技术经济研究》2011年第10期。

［10］程恩江：《金融扶贫的新途径？中国贫困农村社区村级互助资金的发展探索》，载《金融发展评论》2010年第2期。

［11］［美］德布拉吉·瑞（Debraj Ray）：《发展经济学》，陶然译，北京大学出版社2002年版。

[12] 邓俊淼：《基于组织嵌入型的农村小额信贷减贫模式》，载《改革与战略》2011 年第 5 期。

[13] 董晓林、张晓艳、叶天天：《农户参与农民资金互助社行为的影响因素分析——基于江苏省 3 市 4 县（区）825 户农户的调查数据》，载《中国农村观察》2013 年第 3 期。

[14] 董晓林、朱敏杰、张晓艳：《农民资金互助社对农户正规信贷配给的影响机制分析——基于合作金融"共跻监督"的视角》，载《中国农村观察》2016 年第 1 期。

[15] 董晓林：《农村金融学》，科学出版社 2012 年版。

[16] 杜晓山、聂强、滕超：《印度小额贷款危机及其启示》，载《金融发展评论》2011 年第 1 期。

[17] 杜晓山：《中国公益性小额信贷》，社会科学文献出版社 2008 年版。

[18] 方鸿：《非农就业对农户农业生产性投资的影响》，载《云南财经大学学报》2013 年第 1 期。

[19] 高灵芝、胡旭昌：《中国小额信贷扶贫实践模式的综述与反思》，载《济南大学学报》（社会科学版）2005 年第 6 期。

[20] 高杨、薛兴利：《对扶贫贴息贷款和扶贫互助资金的比较研究——基于新制度经济学视角》，载《中国海洋大学学报》（社会科学版）2013 年第 1 期。

[21] 高杨：《山东省扶贫互助资金合作社运行机制研究》，山东农业大学 2014 年博士论文。

[22] 甘犁、尹志超、贾男、徐舒、马双：《中国家庭资产状况及住房需求分析》，载《金融研究》2013 年第 4 期。

[23] 郭君平、吴国宝：《"母亲水窖"项目对农户非农就业的影响评价——基于倾向值匹配法（PSM）估计》，载《农业技术经济》2014 年第 4 期。

[24] 郭小妹：《精准扶贫机制实施的政策和实践困境》，载《贵州社会科学》2015 年第 5 期。

[25] 郭晓鸣：《农村金融创新：村级互助资金的探索与发展——基于四川省的实证分析》，载《农村经济》2009 年第 4 期。

[26] 洪正：《新型农村金融机构改革可行吗？——基于监督效率视角的分析》，载《经济研究》2011 年第 2 期。

[27] 胡联、杨龙、王娜：《贫困村互助资金与农民收入增长——基于 5 省 50 个贫困村调查的实证分析》，载《统计与信息论坛》2014 年第 10 期。

[28] 胡联、汪三贵、王娜：《贫困村互助资金存在精英俘获吗——基于 5 省 30 个贫困村互助资金试点村的经验证据》，载《经济学家》2015 年第 9 期。

[29] 黄承伟、覃志敏：《论精准扶贫与国家扶贫治理体系建构》，载《中国延安干部学院学报》2015 年第 1 期。

[30] 黄良谋、黄革、向志容：《普惠制金融理论的述评及在我国贫困地区的应用》，载《海南金融》2008 年第 1 期。

[31] 黄祖辉、刘西川、程恩江：《贫困地区农户正规信贷市场低参与程度的经验解释》，载《经济研究》2009 年第 4 期。

[32] 李金亚、李秉龙：《贫困村互助资金瞄准贫困户了吗——来自全国互助资金试点的农户抽样调查证据》，载《农业技术经济》2013 年第 6 期。

[33] 李实、罗楚亮：《中国城乡居民收入差距的重新估计》，载《北京大学学报》（哲学社会科学版）2007 年第 2 期。

[34] 李小云、唐丽霞、许汉泽：《论我国的扶贫治理：基于扶贫资源瞄准和传递的分析》，载《吉林大学社会科学学报》2015 年第 4 期。

[35] 李小云、张雪梅、唐丽霞：《当前中国农村的贫困问题》，载《中国农业大学学报》2005 年第 4 期。

[36] 林万龙、杨丛丛：《贫困农户能有效利用扶贫型小额信贷服务吗？——对四川省仪陇县贫困村村级互助资金试点的案例分析》，载《中国农村经济》2012 年第 2 期。

[37] 刘冬梅：《中国政府开发式扶贫资金投放效果的实证研究》，载《管理世界》2001 年第 6 期。

[38] 刘慧：《实施精准扶贫与区域协调发展》，载《中国科学院院刊》2016 年第 3 期。

[39] 刘荣茂、马林靖：《农户农业生产性投资行为的影响因素分析——以南京市五县区为例的实证研究》，载《农业经济问题》2006 年第 12 期。

[40] 刘西川、陈立辉、杨奇明：《中国贫困村互助资金研究述评》，载《湖南农业大学学报》（社会科学版）2013 年第 4 期。

[41] 刘西川、杨奇明、陈立辉：《村级发展互助资金运行机制及实

施效果分析——基于贵州、四川两省机构的调查数据》，载《农业部管理干部学院学报》2014 年第 2 期。

[42] 刘西川：《贫困地区农户的信贷需求与信贷约束》，浙江大学 2007 年博士论文。

[43] 刘西川：《村级发展互助资金的目标瞄准、还款机制及供给成本——以四川省小金县四个样本村为例》，载《农业经济问题》2012 年第 8 期。

[44] 刘西川、程恩江：《贫困地区农户的正规信贷约束：基于配给机制的经验考察》，载《中国农村经济》2009 年第 6 期。

[45] 陆汉文、钟玲：《组织创新与贫困地区"村级发展互助资金"的运行——河南、安徽试点案例研究》，载《农村经济》2008 年第 10 期。

[46] [美] 阿马蒂亚·森：《以自由看待发展》，任赜、于真等译，中国人民大学出版社 2012 年版。

[47] [美] 阿马蒂亚·森：《贫困与饥荒》，王宇、王文玉译，商务印书馆 2012 年版。

[48] [美] 贝琪兹·阿芒达利兹、乔纳森·默多克：《微型金融经济学》，罗煜、袁江译，万卷出版公司 2013 年版。

[49] [美] 罗纳德·麦金农：《经济发展中的货币与资本》，卢瑰译，上海三联书店 1988 年版。

[50] 苗齐、钟甫宁：《中国农村贫困的变化与扶贫政策取向》，载《中国农村经济》2006 年第 12 期。

[51] 钱文荣、郑黎义：《劳动力外出务工对农户农业生产的影响——研究现状与展望》，载《中国农村观察》2011 年第 1 期。

[52] 秦月乔、刘西川：《村级发展互助资金组织效率及其影响因素分析》，载《金融发展研究》2016 年第 9 期。

[53] 帅传敏、李文静、程欣、帅竟、丁丽萍、陶星：《联合国 IFAD 中国项目减贫效率测度——基于 7 省份 1356 农户的面板数据》，载《管理世界》2016 年第 3 期。

[54] 孙若梅：《小额信贷对农民收入影响的实证分析》，载《贵州社会科学》2008 年第 9 期。

[55] 陶然、周敏慧：《父母外出务工与农村留守儿童学习成绩——基于安徽、江西两省调查实证分析的新发现与政策含义》，载《管理世界》2012 年第 8 期。

［56］汪三贵：《中国特色反贫困之路与政策取向》，载《毛泽东邓小平理论研究》2010 年第 4 期。

［57］汪三贵、郭子豪：《论中国精准扶贫》，载《贵州社会科学》2015 年第 5 期。

［58］汪三贵、陈虹妃、杨龙：《村级互助金的贫困瞄准机制研究》，《贵州社会科学》2011 年第 9 期。

［59］汪三贵、李文、李芸：《我国扶贫资金投向及效果分析》，载《农业技术经济》2004 年第 5 期。

［60］汪三贵、张雁、杨龙、梁晓敏：《连片特困地区扶贫项目到户问题研究？——基于乌蒙山片区三省六县的调研》，载《中州学刊》2015 年第 3 期。

［61］王曙光、王东宾：《在欠发达农村建立大型金融机构和微型机构对接机制——以西北民族地区为例》，载《农村金融研究》2010 年第 12 期。

［62］吴本健、马九杰、丁冬：《扶贫贴息制度改革与"贫困瞄准"：理论框架和经验证据》，载《财经研究》2014 年第 8 期。

［63］吴国宝：《中国小额信贷扶贫研究》，中国经济出版社 2001 年版。

［64］吴忠、曹洪民、林万龙：《扶贫互助资金仪陇模式与新时期农村反贫困》，中国农业出版社 2008 年版。

［65］鲜祖德、王萍萍、吴伟：《中国农村贫困标准与贫困监测》，载《统计研究》2016 年第 9 期。

［66］谢东梅：《农村最低生活保障制度分配效果与瞄准效率研究》，福建农林大学 2009 年博士论文。

［67］谢玉梅、徐玮、程恩江、梁克盛：《精准扶贫与目标群小额信贷：基于协同创新视角的个案研究》，载《农业经济问题》2016 年第 9 期。

［68］薛美霞：《中国农村贫困变化及政策取向——分地区研究》，南京农业大学 2008 年硕士论文。

［69］徐虹：《社会资本对农民资金互助组织制度绩效的影响研究》，南京农业大学 2013 年博士论文。

［70］许竹青、郑风田、陈洁：《"数字鸿沟"还是"信息红利"？信息的有效供给与农民的销售价格——一个微观角度的实证研究》，载《经济学》（季刊）2013 年第 4 期。

［71］杨国涛、王广金：《中国农村贫困的测度与模拟：1995～2003》，载《中国人口资源与环境》2005 年第 6 期。

［72］杨龙、张伟宾：《基于准实验研究的互助资金益贫效果分析——来自5省1349户面板数据的证据》，载《中国农村经济》2015年第7期。

［73］叶初升、张凤华：《政府减贫行为的动态效应——中国农村减贫问题的SVAR模型实证分析（1990~2008）》，载《中国人口资源与环境》2011年第9期。

［74］郁方、雷比璐、杨星：《合作金融的扶弱性及其在中国农村发展中的效用》，载《广东社会科学》2007年第2期。

［75］张林、冉光和：《加入农村资金互助会可以提高农户的信贷可得性吗？——基于四川7个贫困县的调查》，载《经济与管理研究》2016年第2期。

［76］张伟、胡霞：《我国扶贫贴息贷款20年运行效率述评》，载《云南财经大学学报》2011年第1期。

［77］张伟宾：《互助资金的贫困瞄准及减贫效果研究》，中国人民大学2013年博士论文。

［78］张全红：《中国农村扶贫资金投入与贫困减少的经验分析》，载《经济评论》2010年第2期。

［79］张亦春、彭江：《影子银行对商业银行稳健性和经济增长的影响——基于面板VAR模型的动态分析》，载《投资研究》2014年第5期。

［80］郑瑞强、曹国庆：《基于大数据思维的精准扶贫机制研究》，载《贵州社会科学》2015年第8期。

［81］朱乾宇：《政府扶贫资金投入方式与扶贫绩效的多元回归分析》，载《中央财经大学学报》2004年第7期。

［82］左停、杨雨鑫、钟玲：《精准扶贫：技术靶向、理论解析和现实挑战》，载《贵州社会科学》2015年第8期。

［83］Armendáriz B., Morduch J., The Economics of Microfinance, *Canadian Medical Association Journal*, Vol. 90, No. 11, 2010, pp. 1151 – 1152.

［84］Bakhtiari H., Effective Methods of Liquidity Management at Banks, *Auditor*, Vol. 34, 2006, pp. 94 – 86.

［85］Banerjee A. V., Besley T., Guinnane T. W., The Neighbor's Keeper: The Design of a Credit Cooperative with Theory and a Test, *The Quarterly Journal of Economics*, Vol. 109, No. 2, 1994, pp. 491 – 515.

［86］Banerjee A. V., Duflo E., Ghatak M., Lafortune J., Marry for What? Caste and Mate Selection in Modern India, *National Bureau of Economic*

Research, 2009, pp. 33 –72 (40).

[87] Banerjee A. V. , Duflo E. , *Poor Economics*: *Barefoot Hedge-fund Managers*, *DIY Doctors and the Surprising Truth about Life on Less Than 1 [dollar] a Day*. London: Penguin Books Press, 2011.

[88] Banerjee A. V. , Newman A. F. , Occupational Choice and the Process of Development, *Journal of Political Economy*, Vol. 101, No. 2, 1993, pp. 274 – 298.

[89] Barham B. L. , Boucher S. , Carter M. R. , Credit Constraints, Credit Unions, and Small – Scale Producers in Guatemala, *World Development*, Vol. 24, No. 5, 1996, pp. 793 – 806.

[90] Barr M. S. , Microfinance and Financial Development, *Social Science Electronic Publishing*, Vol. 1, No. 1, 2005, pp. 9 – 12.

[91] Bateman M. , Chang H. J. , Microfinance and the Illusion of Development: From HubrisTo Nemesis in Thirty Years, *General Information*, Vol. 2012, No. 1, 2015, P2.

[92] Beck T. , Demirgüç – Kunt A. , Levine R. , Finance, Inequality and the Poor, *Journal of Economic Growth*, Vol. 12, No. 1, 2007, pp. 27 – 49.

[93] Beck T. , Demirgüç – Kunt A. , Levine R. , Finance, Inequality, and Poverty: Cross – Country Evidence, *Social Science Electronic Publishing*, 2004.

[94] Beck T. , Levine R. , Loayza N. , Finance and the Sources of Growth, *Journal of Financial Economics*, Vol. 58, No. 1, 2000, pp. 261 – 300.

[95] Biggart N. W. , Banking on Each Other: The Situational Logic of Rotating Savings and Credit Associations, *Advances in Qualitative Organization Research*, Vol. 3, 2001, pp. 129 – 153.

[96] Boucher S. , Guirkinger C. , Trivelli C. , Direct Elicitation of Credit Constraints: Conceptual and Practical Issues with an Empirical Application to Peruvian Agriculture. American Agriculture Economics Association Annual Meeting, 2005.

[97] Braverman A. , Guasch J. L. , Rural Credit Markets and Institutions in Developing Countries: Lessons for Policy Analysis from Practice and Modern

Theory, *World Development*, Vol. 14, No. 10 – 11, 1986, pp. 1253 – 1267.

[98] Buttari J. J. , Subsidized Credit Programs: The Theory, the Record, the Alternatives, *Usaid Evaluation Special Study*, 1995.

[99] Carter B. E. , McGoldrick M. E. , *The Changing Family Life Cycle: A Framework for Family Therapy*. New York: Gardner Press, 1988.

[100] Caskey J. , Duran C. , Solo T. , The Urban Unbanked and the United States. Policy Research Working Paper, No. 3835, 2006.

[101] Chinn M. D. , Ito H. , What Matters for Financial Development? Capital Controls, Institutions, and Interactions, *Journal of Development Economics*, Vol. 81, No. 1, 2006, pp. 163 – 192.

[102] Chowdhury P. R. , Group – lending: Sequential Financing, Lender Monitoring and Joint Liability, *Journal of Development Economics*, Vol. 77, No. 2, 2005, pp. 415 – 439.

[103] Collins D. , Morduch J. , Rutherford S. , Ruthven O. , *Portfolios of the Poor: How the World'S Poor Live on* $2 *A Day*? Princeton: Princeton University Press, 2009.

[104] Cull R. , Demirguc – Kunt A. , Murdoh J. , Microfinance Meets the Market, *Journal of Economic Perspectives*, Vol. 23, No. 1, 2009, pp. 167 – 192.

[105] Dercon S. , Hoddinott J. , Woldehanna T. , Growth and Chronic Poverty: Evidence from Rural Communities in Ethiopia. CSAE Working Paper, WPS/2011 – 18, 2011.

[106] Dollar D. , Kraay A. , Property Rights, Political Rights, and the Development of Poor Countries in the Post – Colonial Period. World Bank Working Papers, 2000.

[107] Duong P. B. , Izumida Y. , Rural Development Finance in Vietnam: A Microeconometric Analysis of Household Surveys, *World Development*, Vol. 30, No. 2, 2002, pp. 319 – 335.

[108] Dupas P. , Robinson J. , Savings Constraints and Microenterprise Development: Evidence from a Field Experiment in Kenya. NBER Working Paper, No. 14693, 2009.

[109] Fan S. , Zhang L. , Zhang X. , Growth, Inequality, and Poverty in Rural China: The Role of Public Investments. Washington: International

Food Policy Research Institute Press, 2002.

[110] Feigenberg, B. , Field E. M. , Pande R. , Building Social Capital through Microfinance. Cambridge: Harvard University Press, 2010.

[111] Foster J. , Greer J. , Thorbecke E. , A Class of Decomposable Poverty Measures, *Econometrica*, Vol. 52, No. 3, 1984, pp. 761 – 766.

[112] Galor O. , Zeira J. , Income Distribution and Macroeconomics, *The Review of Economic Studies*, Vol. 60, No. 1, 1993, pp. 35 – 52.

[113] Gonzalez – Vega C. , *Credit – Rationing Behavior of Agricultural Lenders: The Iron Law of Interest Restrictions Undermining Rural Development with Cheap Credit.* Boulder: Westview Press, 1984.

[114] Greenwood J. , Javanovic B. , Financial Development, Growth and the Distribution of Income, *Journal of Political Economy*, Vol. 98, No. 5, 1990, pp. 1076 – 1107.

[115] Gulli H. , *Microfinance and Poverty: Questioning the Conventional Wisdom.* Washington DC: Idb Publications Press, 1998.

[116] Hermes N. , Lensink R. , The Empirics of Microfinance: What do We Know? *The Economic Journal*, Vol. 117, No. 517, 2007, pp. F1 – F10.

[117] Hoff K. , Stiglitz J. E. , Imperfect Information and Rural Credit Markets: Puzzles and Policy Perspectives, *World Bank Economic Review*, Vol. 4, No. 3, 1990, pp. 235 – 250.

[118] Hulme D. , Mosley P. , *Finance against Poverty.* London: Psychology Press, 1996.

[119] Imai K. , Keele L. , Tingley D. , A General Approach to Causal Mediation Analysis, *Psychological methods*, Vol. 15, No. 4, 2010, P309.

[120] Jalilian H. , Kirkpatrick C. , Financial Development and Poverty Reduction in Developing Countries, *International Journal of Finance & Economics*, Vol. 7, No. 2, 2002, pp. 97 – 108.

[121] Kakwani N. , On a Class of Poverty Measures, *Econometrica*, Vol. 48, No. 2, 1980, pp. 437 – 446.

[122] Karlan D. , Zinman J. , Expanding Credit Access: Using Randomised Supply Decisions to Estimate the Impacts, *Review of Financial Studies*, Vol. 23, No. 1, 2010, pp. 433 – 464.

[123] Khandker S. R. , Faruqee R. R. , The Impact of Farm Credit in Pa-

kistan, *Policy Research Working Paper*, Vol. 28, No. 3, 2003, pp. 197 – 213.

[124] Khandker S. R. , Micro – Finance and Poverty: Evidence Using Panel Data from Bangladesh, *The World Bank Economic Review*, Vol. 19, No. 2, 2005, pp. 263 – 286.

[125] King R. G. , Levine R. , Finance, Entrepreneurship and Growth, *Journal of Monetary Economics*, Vol. 32, No. 3, 1993, pp. 513 – 542.

[126] Kochar A. , An Empirical Investigation of Rationing Constraints in Rural Credit Markets in India, *Journal of Development Economics*, Vol. 53, No. 2, 1997, pp. 339 – 371.

[127] Kunt A. D. , Levine R. , *Bank-based and Market-based Financial Systems: Cross-country Comparisons.* Washington DC: World Bank Publications Press, 1999.

[128] Ledgerwood J. , *Microfinance Handbook: an Institutional and Financial Perspective.* Washington DC: World Bank Publications Press, 2000.

[129] Leyshon A. , Thrift N. , Access to Financial Services and Financial Infrastructure Withdrawal: Problems and Policies, *Area*, Vol. 26, No. 3, 1994, pp. 268 – 275.

[130] Leyshon A. , Thrift N. , Geographies of Financial Exclusion: Financial Abandonment in Britain and the United States, *Transactions of the Institute of British Geographers*, Vol. 20, No. 3, 1995, pp. 312 – 341.

[131] Lucarelli B. , Microcredit: A Cautionary Tale, *Journal of Contemporary Asia*, Vol. 35, No. 1, 2005, pp. 78 – 86.

[132] Mahjabeen R. , Microfinancing in Bangladesh: Impact on Households, Consumption and Welfare, *Journal of Policy Modeling*, Vol. 30, No. 6, 2008, pp. 1083 – 1092.

[133] Martins N. C. , Villanueva E. , The Impact of Mortgage Interest – Rate Subsidies on Household Borrowing, *Journal of Public Economics*, Vol. 90, No. 8 – 9, 2006, pp. 1601 – 1623.

[134] Mawa B. , Impact of Micro – Finance towards Achieving Poverty Alleviation, *Pakistan Journal of Social Sciences*, Vol. 5, No. 9, 2008, pp. 876 – 882.

[135] Montgomery H. , Microfinance and Poverty Reduction in Asia. In

John Weiss (Eds.), *Poverty targeting in Asia*, Cheltenham: Edward Elgar Publishing Press, 2005.

[136] Morduch J. , Microfinance Sustainability: A Consistent Framework and New Evidence on the Grameen Bank. Harvard University, draft, 1997.

[137] Morduch J. , Microinsurance: The Next Revolution, *Understanding Poverty*. 2006, pp. 337 –356.

[138] Mosley J. , Quality Circle Time in the Primary Classroom: Your Essential Guide to Enhancing Self – esteem, Self – discipline and Positive Relationships. Lda Press, 1996.

[139] Mosley P. , Microfinance and Poverty in Bolivia, *Journal of Development Studies*, Vol. 37, No. 4, 2001, pp. 101 – 132.

[140] Pulley R. V. , Making the Poor Creditworthy: A Case Study of the Integrated Rural Development Program in India. *Stochastic Processes & Their Applications*, Vol. 3, No. 1, 1989, pp. 89 – 111.

[141] Ravallion M. , Chen S. , Hidden Impact? Household Saving in Response to A Poor – Area Development Project, *Journal of Public Economics*, Vol. 89, No. 11, 2005, pp. 2183 –2204.

[142] Remenyi J. , Is There a "State of the Art" in Microfinance? In Remenyi J. , and Quinones B. J. (Eds.), *Microfinance and poverty alleviation: Case studies from Asia and the Pacific.* London and New York: Pinter Press, 2000.

[143] Rosenbaum P. , Rubin D. , The Central Role of the Propensity Score in Obervational Studies for Causal Effects, *Biometrika*, . Vol. 70, No. 1, 1983, pp. 41 –55.

[144] Rozelle S. , Park A. , Huang J. , Jin H. H. , Bureaucrat to Entrepreneur: The Changing Role of the State in China's Grain Economy, *Economic Development and Cultural Change*, Vol. 48, No. 2, 2000, pp. 227 –252.

[145] Sonnich S. , Consumer's Cooperation. New York: Elsvier Science Publishing Press, 1980.

[146] Shaw J. , Microenterprise Occupation and Poverty Reduction in Microfinance Programs: Evidence from Sri Lanka, *World Development*, Vol. 32, No. 7, 2004, pp. 1247 – 1264.

[147] Stiglitz J. E. , Weiss A. , Credit Rationing in Markets with Imperfect

Information, *American Economic Review*, Vol. 71, No. 3, 1981, pp. 393 – 410.

[148] Swain R. B. , Credit Rationing in Rural India, *Journal of Economic Development*, Vol. 27, No. 2, 2002, pp. 1 – 20.

[149] Swain R. B. , Floro M. , Effect of Microfinance on Vulnerability, Poverty and Risk in Low Income Households. Working Papers, 2008.

[150] Villaseñor J. A. , Arnold B. C. , Elliptical Lorenz Curves, *Journal of Econometrics*, Vol. 40, No. 2, 1989, pp. 327 – 338.

后　记

　　本书是在本人博士论文基础上，经过进一步修改、补充整理出版。书稿的完成前后经过五年的努力。此刻占据我内心更多的是依恋和不舍，这里让我有太多的美好回忆和眷恋的人。对于陪我一路走过来旳人，我心里除了感激还是感激。

　　深深感谢我的导师董晓林教授。她是一位学识渊博、治学严谨、待人极其宽厚的学者。从入学开始，无论是在学习还是在生活上，导师一直给予我细心的指导和帮助，以严谨的学风和严格的要求敦促我不断进步。董老师在科研工作上一丝不苟，对本书给予了细致和恰如其分的指引和帮助，从本书的选题到逻辑结构安排、写作重点都给予了悉心的指导，多次提出修改方案使之不断完善，最终形成现在的书稿。董老师在生活上又充满情趣且很有品位，她的言谈举止永远是我学习的榜样。每一次与董老师的接触和交流，都能让我有所学、有所思，这些都将使我终身受益！导师求真务实的治学风格、豁达的胸怀以及宽厚的处事态度给我树立了治学和为人的风范。在书稿完成之际首先对董老师表达我深深的谢意！跟随老师的五年，是我人生巨大的财富。五年过去了，在董老师教诲下，我这个愚钝的学生能够慢慢学会用严谨的逻辑去思考，用规范的方法做研究。

　　感谢南京农业大学经管学院和金融学院众多老师的教诲和指导。感谢五年来为我授课的各位经管学院和金融学院老师，正是各位老师的辛勤培养，开阔了我的视野，增加我的知识储备，提高我的科研能力，南农五年的学习使我终身受益。钟甫宁老师严谨的治学态度、深厚的理论底蕴、敏锐的思维和渊博的学识令我终身仰慕和学习。在学校的五年中，从不舍得错过一次钟老师的课堂。受钟老师长期熏陶和指引，使我对现代经济理论、科学研究方法和农村问题不断有新的领悟和体会，使我的学术修养不断提高，学习到的不仅仅是专业的研究方法，更重要的是学习到如何用经济学的视角去思考问题、学习到如何去做人。感谢周应恒教授、陈东平教授、林乐芬教授、何军教授、周月书教授、林光华教授、徐志刚教授、周曙东教授、应瑞瑶教授、易福金教授、许承明教授、包宗顺教授、周力副教授、孙顶强副教授、张龙耀副教授、田旭副教授对本书提出的深刻和中肯的修改意见。感谢经管学院科研办及资料室各位老师为我的学习和研究提供的各种帮助，感谢金融学院老师为我提供条件优越的学习室。

南京农业大学求学生活中，同门师弟师妹和同窗好友的关心和帮助使我真切感悟到友情的珍贵。感谢众多关系融洽并且在学业上给予极大帮助的所有的师弟和师妹们，有你们真好。张晓艳在开题时耐心的帮助，还要感谢聪慧的朱敏杰师弟，他勤奋刻苦，热心助人。在本书的写作过程中遇到困难时，他总是第一时间给予我无私的帮助和鼓励，使得我能顺利完成写作。感谢石晓磊师弟的帮助，与他多次讨论激发我的灵感。还要感谢所有师门的师弟师妹们，和你们一起调研、一起学习，快乐充实！同时感谢董凯、张雷、高名姿、林大燕、李天祥、周光霞、张玉娥、廖小静、尹小玲、马艳艳、李鸿雁和于敏捷等各位同窗好友，在南京农业大学共同奋斗的日子终生难忘，向各位在学术思想上的交流启迪与日常生活中的关心帮助表示真挚的谢意。

感谢宁夏大学经管学院的各位领导，特别感谢杨国涛院长和张桓书记的支持。感谢教学科研办各位老师和经济系同事们，正是有了你们的鼎力支持，使我能够在南农专门投入研究和本书的写作中。同时感谢宁夏大学经济管理学院40名多优秀的本科生，感谢你们辛苦的调研工作，让我收集到农户和村庄一手数据，才能顺利完成本书。

有幸跟随中国国际扶贫中心首席经济学家、农村金融研究咨询国际知名专家程恩江老师去宁夏和内蒙古做关于互助资金的专题调研，使我对互助资金有了深入的认识；在搜集相关数据资料的实地调研中，还得到了宁夏扶贫办相关领导的支持，特别是资金监督处薛勤处长和互助资金管理中心任媛主任、王宁和盐池县扶贫办周桂林的热情接待和无私帮助；另外还得到各个县扶贫办及村庄干部和村民的大力支持，在此一并表示感谢。

最后我要对我的父母、公公婆婆和我的爱人王盛表示衷心的感谢和诚挚的抱歉。远嫁他乡，即便在寒暑假也难得回家的女儿，两位老人从无二话，总是默默地支持我。公公婆婆是一对明理又勤劳的老人，无怨无悔地替我照顾整个家庭，让我安心学习。读博五年多来，情绪起伏不定，爱人王盛不仅忍受着我情绪波动给他带来的折磨，还一直激励我"科研工作不是一朝一夕的事，急不得，慢慢来"，并且在我懒散时鞭策我，在我浮躁时抚慰我，使我能安心学习，专心学术研究。他虽然从事自然科学研究工作，但是为了我，克服重重专业障碍，利用休息时间，对本书从文字到逻辑方面逐字逐句检查修改。儿子王宇志从依依不舍妈妈到独立成长，问得最多的话就是"啥时候回来"，我心存愧疚，为了学业，无法陪伴你的成长，幸好有细心的爸爸一直陪着你，让你变得更加独立和坚强。你们的爱，我将用心珍藏！你们的理解、关心、支持和帮助，使我能够顺利完成学业，我的眼里已然盈满了泪花。

往日的点点滴滴瞬间涌上心头，在这一刻突然发现，原来想要说的感谢，有那么多……因为篇幅限制许多帮助过我的老师、同学未能一一提及姓名，在此一并表示感谢，谨将此拙作献给上述各位老师、朋友和亲人！

同时，本书参考了同行大量的研究成果，在此一并表示诚挚的谢意。由于理论水平有限，本书还存在很多不足之处和值得商榷之处，敬请同行专家、学者批评指正，以便在今后的研究中不断提高和完善。

陈清华

2017 年 7 月